Julius Galba

**Beleuchtung der österreichischen Verfassungsfrage,**

vom Standpunkte einer Gewissenhaft angestrebten Unbefangenheit

Julius Galba

**Beleuchtung der österreichischen Verfassungsfrage,**
*vom Standpunkte einer Gewissenhaft angestrebten Unbefangenheit*

ISBN/EAN: 9783743405516

Hergestellt in Europa, USA, Kanada, Australien, Japan

Cover: Foto ©Suzi / pixelio.de

Manufactured and distributed by brebook publishing software (www.brebook.com)

Julius Galba

**Beleuchtung der österreichischen Verfassungsfrage,**

# BELEUCHTUNG

der

# österreichischen Verfassungsfrage

vom

Standpunkte einer gewissenhaft angestrebten Unbefangenheit,

von

## Dr. Julius Galba,

gewesener Dozent der Verfassungs-Politik an der Universität in Wien.

WIEN

Verlag von Franz Rospini.

1862.

# I.

**Ist Oesterreich ein künstliches, durch die Klammern der Gewalt zusammengehaltenes Staatsgebäude — oder ein natürlicher, durch vielhundertjährige reale Verhältnisse zusammengewachsener Organismus!**

Um das politische Drängen der Gegenwart zu verstehen, ist es vor allen nothwendig, den instinktiven Gestaltungstrieb der gesammten Vergangenheit in seinen grossen Grundzügen zu begreifen.

1. Die territoriale Bildung der österreichischen Monarchie erfolgte nicht sprungweise, sondern im langsamen Laufe der Jahrhunderte, indem sich dieselbe aus einer Grenzmark des deutschen Reiches allmälig zu einem bedeutenden Herzogthum desselben, dann zu einem mehr oder weniger verbundenen, wiederholt unter den Linien des herrschenden Hauses getheilten Länderkomplexe, endlich zu einem die Geschicke Europa's wesentlich mit entscheidenden Grossstaate erweiterte. Der Prozess ihres Wachsthumes wurde weder durch geographische noch durch nationale Verhältnisse besonders begünstigt, so dass nur eine mittelst Erbverbindungen weit und ferne hin rechnende und überdies von glücklichen Zufällen begünstigte Politik über die Ungunst der natürlichen Verhältnisse siegen konnte. Die ganze Monarchie wurde ferner in Folge der geschichtlichen Entwicklung der europäischen Staatsverhältnisse durch wiederholte Rucke mehr und mehr von Westen nach Osten gedrängt und erst dadurch um den Strom der Donau amphitheatralisch aufgebaut, wodurch sich dieselbe mindestens in geographischer Beziehung zu einem einheitlichen Organismus gestaltete. — Die Weltgeschichte stellte die Zusammengehörigkeit Oesterreichs bisher

etwa sechsmal in Frage. Der erste unter Albrecht II. und seinem nachgebornen Sohne Ladislaus begründete Verein der Hauptlande an der Donau ging wieder in Trümmer, indem die Böhmen unter Georg von Podiebrad, die Ungarn unter Mathias Korvinus sich selbstständig machten, gegen einander ununterbrochne Kriege mit unauslöschlichem Nachbarhasse führten, und sich eine Reihe äusserer Feinde auf den Rücken hezten, um sich wechselseitig aufzureiben. Die Zufälle des Todes, sowie die Bande der Ehe, der Erbverträge und der Wahl knüpften die getrennten Theile wieder zusammen. — Der durch den Kitt eines Jahrhunderts befestigte Verein der Hauptlande drohte jedoch abermals zu zerreissen, als Ferdinand II. durch Intoleranz die Länder gegen sich empörte, Friedrich von der Pfalz sich zum Gegenkönig Böhmens erhob und sechzehn österreichische Deputirte den in der Wiener Hofburg hartbedrängten Herrscher am Wamse zupften. Dampierre's Kürassire retteten den starkmüthigen Katholiken-Kaiser. Die folgenschwere Schlacht am weissen Berge brach die Macht des Adels und bereitete den Absolutismus vor. — Abermals bebte die Monarchie unter Leopold I., als die Türken 1683 an die Wiener Stadtthore pochten und dem Reiche der Christenhunde ein Ende machen wollten. Die Deutschen wie die Polen kamen zu Hilfe, und in einem 16jährigen Kriege ward die Hinausdrängung der Türken aus Ungarn endlich vollbracht. — Maria Theresia besteigt den Thron als nächste Erbin des letzten Kaisers kraft der von allen Ständen der eigenen Länder wie von England, Frankreich, Spanien, Niederland, Preussen, dem deutschen Reiche, Russland, Dänemark und Sardinien anerkannten pragmatischen Sanktion, und sieht sich in Jahresfrist von halb Europa angegriffen und zwar von Staaten, deren Ansprüche sich gegenseitig aufhoben, sieht den Adel von Oberösterreich und von Böhmen einem fremden Fürsten huldigen und findet sich in Wien nicht mehr sicher, um des Thronerben zu genesen. Da erhob sich Ungarn für seinen König und für das verbriefte Recht, trieb die Feinde zum

Lande hinaus und rettete den Gesammtverein der österreichischen Länder, den die vertragsbrüchigen Raubgenossen in sechs Theile zerstücken wollten. — Die nächste Katastrophe bildete der grosse Kampf mit Frankreich. Deutschland war von seinem Kaiser abgefallen und Oesterreich durch unglückliche Kriegführung gegen das Genie des republikanischen Generals Buonaparte so weit herabgekommen, dass der übermüthige Sieger es wie ein Porzellangeschirr zu zertrümmern drohte. In dem weiters folgenden, dreimal erneuerten Kampfe verlor es eine ganze Kette von Provinzen, wurde vom Meere weggedrängt, sah den korsischen Eroberer in die Residenz seines Kaisers einziehen und Ungarn zur Königswahl auf dem Felde Rákos auffordern, den eigenen Beherrscher aber zur Flucht bis an die Türkengrenze gezwungen. Und wie verlief die grosse Brandung? Oesterreich gewann das Verlorene wieder, erhielt für die centrifugal gelegenen Niederlande eine seine Gesammtgrenze wohl arrondirrende Gebietserwerbung und behauptete seinen Rang als europäische Grossmacht. — Am Rande des Abgrundes stand Oesterreich endlich im Jahre 1848, als durch den Sturz eines abgelebten, ideen- und kraft-, losgewordenen Systemes und in Folge der schwierigen Lage in welche die Träger des neuen, noch gänzlich unausgeprägten und desshalb hin- und herschwankenden Regierungs-Systemes geriethen, im Mittelpunkte der Regierung während einiger Monate eine die Zügel des Ganzen zusammenhaltende Macht fehlte, als eine exaltirte Partei in Ungarn mit rücksichtsloser Unterdrückung der slavischen Volksgruppen die Errichtung eines selbstständigen Magyaren-Reiches anstrebte, die lombardisch-venetianischen Provinzen mit Hilfe des Sardenkönigs Karl Albert die Losreissung von dem Gesammtkörper versuchten und der Most der neuen Freiheit den Leuten allenthalben in den Kopf stieg. Das letzte Ergebniss dieser politisch-nationalen Revolution war jedoch die unverkürzte Erhaltung des territorialen Bestandes und die Proklamirung der zunächst freilich mehr Projekt und Problem gebliebenen konstitutionellen Einheitsidee des österreichischen Staates.

2. Deutet die glückliche Ueberwindung aller dieser Katastrophen nicht auf eine natürliche Grundlage, nicht auf eine innere unvertilgbare Lebenskraft, nicht auf eine gewisse Berechtigung des österreichischen Gesammtstaates trotz seiner bunten Elemente hin? Betrachten wir die Grundlagen des österreichischen Reichsbaues. Die geographische Basis Oesterreichs bildet das Quellenreich der Donau, wo dieser gewaltige Strom mit weitreichenden Armen die Länder verschiedener Völkerschaften zu einem grossen Schauplatz gemeinsamen Verkehrs verbindet. An der Donau auf und ab wüthete lange der Kampf um die Herrschaft über dieses Gebiet. Herauf stürmten die Avaren, die Ungarn, die Mongolen, die Türken, und von ferne drängt jetzt die russische Agitation an der Donau stromauf; abwärts aber drängte und drängt die Thatenlust, der Kulturberuf der Deutschen, der Oesterreicher. Sowie nach abwärts, so drängte Oesterreich auch an der Donau aufwärts nach Bayern hinein, kurz im Allgemeinen folgte der Lebenszug der Geschichte Oesterreichs der Donau, welche den Kaiserstaat in einer Länge von 181 Meilen nach Südosten durchströmt. Die Alpenländer Tirol, Kärnthen, Steiermark senden ihre Gewässer der Donau zu und charakterisiren sich dadurch als zugehörige Theile der grossen Donau-Monarchie. Aber auch Böhmen und Mähren gehören wesentlich zu Oesterreich. Denn wiewohl alle Gewässer Böhmens durch die einzige Thalschlucht des Erzgebirges nach Norden fliessen, strömten doch die Menschenfluthen Böhmens zu allen Zeiten fast nur nach Süden und Südosten. Oft im Laufe früherer Jahrhunderte stürmten die kriegerischen Böhmen, Herrschaft oder Beute suchend, bis an die Donau, und gerade dieser Zug ihres geschichtlichen Lebens zog sie endlich in die Verbindung mit Oesterreich. Und noch heute ziehen alljährlich Tausende von czechischen und deutschen Böhmen in das angrenzende, lohnende Arbeit gebende Donauland. Noch inniger schmiegt sich Mähren Oesterreich an, wie der Hauptfluss des Landes, die March mit ihrer Richtung nach Süden andeutet. Kein grosser Staat

kann bestehen, ohne das Meer zu berühren. Oesterreich dehnte sich daher naturgemäss nach Süden zum adriatischen Meere aus, und bereits im Jahre 1382 unterwarf sich Triest, das Joch Venedigs scheuend, freiwillig der Herrschaft Oesterreichs. Dalmatien und Venedig bilden die natürliche Befestigung der Seeposition des Kaiserstaates. Die West- und Osthälfte der Monarchie endlich, oder die deutschen Erbländer und Ungarn sind nicht nur nicht geographisch geschieden, sondern vielmehr durch die Donau, Mur und Drau innig verbunden. Einen natürlichen Anhang bilden Kroatien und Slavonien, Siebenbürgen aber die sichernde Felsenburg des grossen Flachlandes der Donau, welche von den 11700 Quadratmeilen des Gesammtstaates ein Stromgebieth von 9500 Quadratmeilen beherrscht. Minder naturnothwendig gehört Galizien, durch die Karpathen abgeschieden, zu Oesterreich; indessen ist es überall vorgekommen, dass, wo einmal ein so grosser Kern eines Reiches vorhanden ist, sich daran im nothwendigen Laufe politischer Theilungs- und Zersetzungsprocesse noch andere Theile anfügen. — Die geschichtliche Basis Oesterreichs liegt darin, dass dieser Staat nicht durch das rasche forcirte Experiment eroberndar Herrscher gleichsam absichtlich gemacht wurde, sondern dass derselbe im langsamen Laufe der Jahrhunderte allmälig zu dem geworden ist, was es heut zu Tage ist. Unter den Babenbergern im Laufe von 264 Jahren erweiterte sich die kleine Ostmark 1. durch die Landstriche bis zur Leitha und March; 2. durch das Land ob der Enns; 3. durch Steiermark und durch Theile von Kärnthen und Krain, welche zu Folge kaiserlicher Privilegien ein untrennbares erbliches Herzogthum bildeten und mit so vollständiger Landeshoheit, wie sie damals kein anderer Theil des deutschen Reiches besass. Während des sogenannten Zwischenreiches machte die geschichtliche Entwicklung Oesterreichs den ersten Versuch der Vereinigung desselben mit Böhmen so wie mit Ungarn, der zwar im Ganzen misslang, jedoch zur Erneuerung des Versuches gleichsam das [Zeichen gab, die weitere Zukunft

Oesterreichs auf diese Weise vorandeutete und bereits damals den weltstädtischen Einfluss Wiens an der grossen Donau hervortreten liess, indem Ottokar II. trotz des Aergers seiner Böhmen Wien als die Hauptstadt seines Reiches betrachtete. Unter den ersten Habsburgern bis Max I. äusserte sich vorherrschend die Familienpolitik dieses Hauses, indem sie durch Klugheit, Macht und Glück ihre Hausmacht erweiterten, leider aber auch von dem Familiengeiste jener Zeit befangen wiederholte Theilungen vornamen. Unter den späteren Habsburgern von Max I. an erweiterte sich die Familienpolitik zur weitgreifendsten Weltpolitik, denn nach kurzer Zeit fielen Oesterreich, Böhmen, Ungarn, Kastilien, Aragonien und Amerika, die Lombardei, Burgund und die Niederlande dieser einen Familie in den Schooss, so dass eine Theilung in die österreichische und spanische Linie naturnothwendig wurde. Allein auch nach dieser Theilung blieb der österreichische Länderverein ein gewaltiges Gesammtreich, welches zwar in Folge der Reformation, des lange widerstrebenden Nationalgeistes der Ungarn, der fürchterlichen Türkenkriege und der traditionellen Nebenbuhlerschaft Frankreichs vielfache, oft bis ins Mark eindringende Krisen durchmachen musste, mit unendlicher Zähigkeit sich jedoch immer wieder rekonstituirte und der Welt zu bedenken gab, dass der österreichische Staat kein künstliches Machwerk, sondern ein, wenn auch in bunten Farben schillerndes, doch natürliches Länder- und Völkergefüge sei, welches trotz einzelner Sprünge und Risse noch auf viele Jahrhunderte sein Eigendasein fortsetzen kann. Unter den Herrschern aus dem Hause Lothringen endlich kam vor allen die Einheitspolitik zur Geltung, mit geringen, zum Theile wieder verlornen Erfolge unter Josef II., mehr durch die stille Macht der Zeit, als thatkräftiges Wirken unter seinen nächsten drei Nachfolgern, mit Gewalt und theilweise rückprallenden, im Ganzen jedoch, wie zu hoffen steht, unverlierbarem Erfolge unter Kaiser Franz Josef I. Als das tausendjährige deutsche Reich zerfiel, einigte sich das tausendjährige Oesterreich unter einer selbstständigen Kaiserkrone.

Aber noch war diese Einigung nur eine äusserlich tituläre, im Innern war das Kaiserthum durch die Sonderstellung Ungarns halbirt. Da endlich brach eine jener Krisen aus, wie sie ja keinem Staate in der Geschichte fehlen, wo sich mit Rücksicht auf bestehende Gesetze und auf unabweisliche Bedürfnisse des Momentes das Unrecht auf beiden Seiten fand, wo Intrigue, Egoismus und blutige Gewalt eine Zeit lang in so hohen Wogen gingen, dass die Berechtigung der historischen Vereinigungsidee vom Pulverdampf gleichsam umhüllt war. Noch ist diese Krise nicht zum Abschlusse gelangt; allein nunmehr soll die grosse Frage, dahin geht unsere Hoffnung, nicht auf dem Wege der Gewalt, sondern auf jenem umsichtiger Erwägung und rechtlicher Vereinbarung gelöst werden. — Die nationale Basis Oesterreichs besteht darin, dass die bunten Völker desselben durch das instinktive Walten der Geschichte so durcheinander gewürfelt sind, dass eine politische Absonderung derselben nach Sprachgrenzen und selbstständigen Staatswesen physisch unmöglich ist, wovon höchstens das österreichische Italien eine Ausnahme macht, welches allerdings, und unter gewissen Bedingungen vielleicht sogar zum grossen Vortheile unserer Monarchie, eine selbstständige Staatsstellung einnehmen könnte. Die Völker Oesterreichs haben sich zusammengethan und sind beieinander geblieben, obgleich ihre Dynastien, die Babenberger, die Przemysliden, die Arpaden, die Luxenburger, die Hunyaden und die Habsburger, welche den Länderverband Masche für Masche knüpften, ausgestorben sind; sie haben insbesonders für die Aufrechthaltung der pragmatischen Sanktion ihr Gut und Blut geopfert. Die Geschichte kennt überhaupt keinen Staat, der sich nach Idiomen und früherer Abkunft und nicht vorherrschend nach geographischen Interessen gebildet hätte. Auch England, Frankreich, Spanien und Italien wuchsen aus verschiedenartigen nationalen Elementen zu einem Ganzen zusammen. Die Verschiedenheit der Nationalitäten in Oesterreich erschwert unleugbar die Verfolgung einer gemeinsamen Aufgabe, allein sie enthält desshalb noch keinen Grund zur

Auseinanderreissung des von den Tiroler Alpen, dem Böhmer Walde, dem Erzgebirge, dem Riesengebirge und den Karpathen umschlossenen und von der Donau durchströmten Reiches. Im Gegentheil die Verschiedenheit der Nationalitäten hat auch wieder durch das Zusammenwirken verschiedener Anlagen, Neigungen und Kräfte ihre eigenthümlichen Vortheile; dieselbe verliert durch die zunehmende Macht der kosmopolitischen und nivellirenden Civilisation unserer Zeit ihre fatalen Schärfen; die Eigenthümlichkeit jedes Volkes kann endlich im engeren Kreise gewahrt werden, woferne man nur die Grundsätze wahrer Gewissensfreiheit, tüchtiger Schulbildung, der möglichsten Gleichheit vor dem Gesetze und den Grundsatz: Einheit in der Regierung, Manigfaltigkeit in der provinziellen Verwaltung, entsprechend zur Ausführung bringt. Oesterreich lässt sich weder vollständig czechisiren, polonisiren, magyarisiren, noch vollständig germanisiren. Kein Theil ist so stark, um sich allein zum Ganzen erheben zu können. Dass in der Regierung Oesterreichs die deutsche Sprache, Wissenschaft und Kunst vorherrscht, dies ist kein Privilegium der Deutschen als solcher, sondern die nothwendige Wirkung ihrer Kultur und der Verbreitung ihrer Sprache, welche so lange den natürlichen Vorrang behaupten werden, bis ein anderes Volk es den Deutschen in Kultur und Sprachverbreitung gleich gebracht haben wird. Die Böhmen wurden von den Deutschen christianisirt, ihr Herzogthum und späteres Königreich wurde dem deutschen Reiche politisch einverleibt, unter ihrem Ottokar II. und seinen Nachfolgern fand das deutsche Ritterthum besondere Pflege, ihre grösseren Städte verdanken deutschem Gewerbsfleisse ihre Blüthe, womit übrigens die grosse Intelligenz, der Wissensdurst und die zähe Betriebsamkeit der Czechen nicht im Geringsten verkannt werden will. Die Ungarn überkamen von den Deutschen seit den Zeiten Stephan des Heiligen politische Einrichtungen, ganze Schaaren von Einwanderern und Kulturkeime jeder Art. Galizien machte unter der österreichischen Herrschaft, so viel diese auch zu wünschen übrig

lassen mag, Fortschritte in seiner Entwicklung, welche es
bei dem Fortbestande der Adelswirthschaft des einstigen Polenreiches wohl nicht gemacht hätte. Mit einem Worte das
Deutschthum umrankt alle Volksstämme Oesterreichs mit den
Einflüssen seiner Kultur, und seine Sprache bildet das Medium der Verständigung zwischen den bunten Sprachengruppen. |— Die materiell-soziale Basis Oesterreichs
besteht in den volkswirthschaftlichen Interessen, welche sich
durch die Verbindung vorherrschender Industrie- und vorherrschender Agrikultur-Länder gegenseitig entgegenkommen,
durch den gemeinsamen Zollverband ein volkswirthschaftliches Ganzes bilden und zahlreiche Einwanderer herbeiziehen,
die ihre nationale Eigenthümlichkeit mehr oder weniger ihren
materiellen Interessen zum Opfer bringen. — Die internationale Basis Oesterreichs besteht endlich darin, dass es
seit Jahrhunderten als ein mächtiges Glied im europäischen
Staatensysteme dasteht, dass es seiner eigenthümlichen Konstruktion zu Folge mehr auf die Erhaltung, als auf Eroberungen und Neuerungen angewiesen ist, und dass es eben
hiedurch zur Erhaltung des Gleichgewichtes, zur Abwehr von
grossen Kriegsstörungen, kurz als ein Garant des europäischen Friedens vorzugsweise Beruf und Bedeutung hat.
Diese Bedeutung aber kann es selbstverständlich nur als
Grossstaat haben, der Mitteleuropa im Süden schützt, wie
dies Preussens Aufgabe für den Norden ist, und der berufen erscheint, den Samen der deutschen Kultur nach Osten hin, wenn auch nicht durch Eroberung, doch durch
die Einflüsse des Handels, der unmittelbaren Nachbarschaft
und der diplomatischen Thätigkeit zu verbreiten. — Die
vorerwähnten Grundlagen der österreichischen Monarchie
sind nun offenbar so bedeutsam, dass dieselben, wo es sich
um die Formulirung des Gesammtstaates handelt, den Ausschlag geben. Das nationale Gefühl der einzelnen Volksstämme
mag vielfältig verletzt werden, allein in Folge ihrer Zersplitterung unfähig zu einem selbstständigen Staatsganzen müssten
dieselben auch bei jeder anderen politischen Konstellation
schwere Opfer bringen. Oesterreich erfreut sich keiner solchen

Gleichförmigheit als Frankreich, und doch bestand das Grundgefüge seines Staatsthumes die grössten Stürme und steht sein Thron fester als jener an der Seine.

3. Was folgt nun aus diesen unbestreitbaren, höchst konkreten Thatsachen in Bezug auf die österreichische Verfassungsfrage? Antwort, dass wir zusammen gehören, dass wir in Zukunft einander nicht ferner stehen dürfen, als wir uns in der Vergangenheit gestanden sind, dass die österreichische Frage gar nicht in dem „Ob," sondern lediglich in dem „Wie" des staatlichen Verbandes bestehe. Sind die Völker Oesterreichs darin einig, und wir glauben, dass sie es sind, dann mögen die Führer der verschiedenen Parteischattirungen und alle Malkontenten sich Folgendes klar machen. Wir haben einen gemeinsamen Zweck, und der Meinungsstreit über die Gestaltung der Monarchie kann sich daher nur auf die Mittel zur Erreichung jenes Zweckes beziehen. — Jeder mag nach seiner Ueberzeugung und Einsicht diese oder jene Massnahme der Regierung auf gesetzlichem Wege bekämpfen, wenn er sie für zweckwidrig hält: allein es ist Unsinn, in der Stellung der Wiener Regierung von vorne herein eine feindliche Position zu erblicken, welche à tout prix befehdet werden muss; es ist einfältige Bosheit, sich über die Schwierigkeiten zu freuen, mit denen das gegenwärtige Ministerium bei der Lösung der österreichischen Verfassungsfrage zu kämpfen hat; es ist unklug und schlecht, statt mit versöhnlichem Geiste und vernünftigen Gründen zur Entwirrung des Problems, das mit seinem Bleigewichte ja ohnehin schwer genug auf uns Alle drückt, möglichst beizutragen, den Knäuel der Verwirrung noch zu vergrössern, mit Preisgebung jedes Ehrgefühles die feindlichen Koriphäen des Auslandes zu bejubeln und dafür das stille Hohnlächeln der fremden Herrscher einzuernten. Möchten die Aufwiegler, die mit Frankreich kokettiren, nur bei den Franzosen in die Lehre gehen und zusehen, wie die Parteien, die sich zu Hause auf Tod und Leben bekämpfen, doch, wenn es das gemeinsame Vaterland gilt, gegenüber dem Auslande eine feste Phalanx

schliessen. — Ob wir an der Elbe, an der Oder, an der Theiss, an der Maros oder an der Save wohnen, wir sind Glieder einer Völkerfamilie, wir haben Ein Vaterland und wollen unsere Angelegenheiten unter uns ausmachen. Wer mit fremden Machthabern gegen den Staat, dessen Mitglied er sich nennt, konspirirt, wer sich um eine fremde Fahne schaart, um die Fackel des Bürgerkrieges unter seine Landsleute zu schleudern, der ist kein wahrer Oesterreicher, kein wahrer Böhme, kein wahrer Ungar, sondern ein Feind seines Vaterlandes., ein Verräther. —

## II.
### Worin besteht der Grundzug der staatsrechtlichen und politischen Gestaltung Oesterreichs seit drei Jahrhunderten?

Derselbe besteht, um die Antwort gleich von vorne zu geben, in einer zunehmenden Abschwächung des Föderalismus und in einer kontinuirlichen Zunahme der Unifizirung.

1. Wenn wir uns die unter der deutschen Linie des Hauses Habsburg vereinigte Ländermasse im 16. Jahrhundert auch nur in den allgemeinsten Umrissen vorstellig machen, so zeigt sich uns dieselbe als ein buntes Konglomerat, deren Regierung ausser der Person des Herrschers fast gar keine gemeinsamen Bande darbot. Die Thronfolge beruhte nur in den altösterreichischen Ländern auf dem Erbrechte, wogegen in Böhmen und Ungarn entschieden das Wahlrecht galt. Ferdinand I., dem in Böhmen mehrere Thronwerber entgegenstanden, erklärte in einem Majestätsbriefe, dass die Böhmen ihn aus freien Willen gewählt haben. Ebenso galt auch in Ungarn trotz aller vorausgegangenen Erbverträge als staatsrechtlicher Titel nur das Wahlrecht. Ferdinand 1. wurde auf einem zahlreich besuchten Landtage in Pressburg 1526 zum ungarischen Könige ausgerufen, konnte aber die Wahl des Gegenkönigs Zapolya nicht hindern. So wenig

griff die Idee eines einheitlichen Staatenverbandes damals noch Wurzel, dass nach Ferdinand's I. Tod der unglückselige politische Fehler der Theilung, dessen traurige Folgen für Oesterreich durch ein Zusammenwirken wunderbarer glücklicher Zufälle kaum geheilt waren, nochmals wiederholt wurde. Erst 1602 unter Rudolf II. kam ein Familienvertrag in Prag zu Stande, worin der Grundsatz ausgesprochen war, das Recht zur Herrschaft stehe zwar allen zugleich lebenden Erzherzogen, die wirkliche Regierung des Hauses und der Länder aber dem Erstgebornen allein und ausschliesslich zu. Unter Ferdinand II. wurde nach der Besiegung der böhmischen Erhebung die ständische Macht gänzlich niedergeworfen, und von den böhmischen Bergen bis Triest eine fast unumschränkte Fürstenmacht aufgerichtet. In allen Urkunden und Patenten hob Ferdinand II. hervor, dass er das Erbkönigreich Böhmen „durch gewaltige Kriegsrüstung" wieder erobert habe. Die erstern Jahre nach dem Siege hatten die Verfassungsfragen nicht aufkommen lassen. Das Patent vom 10. Mai 1627 verkündete die Grundzüge einer neuen Verfassung; näher ausgefürt wurden dieselben in der erneuerten Landesordnung für Böhmen vom selben 10. Mai 1627 und darauf erfolgte am 24. Mai die Bestättigung aller übrigen Rechte und Freiheiten der Stände. Nach diesen organisatorischen Gesetzen übt der König allein das Recht, Landtage zu berufen oder aufzulösen, er ernennt die sechs Landesoffiziere, er verleiht das Indigenat, er ist der oberste Richter, er bestimmt das Landeseinkommen und die Landesausgaben, er übt das Recht der Besteuerung und Münzprägung, er hat die oberste Militärgewalt, das Recht über Krieg und Frieden, er ist der Schirmherr der Kirche und übt das jus circa sacra. Nur ein kostbares Recht blieb den Ständen: das Steuerbewilligungsrecht, zwar nicht in der Frage ob, jedoch in dem wie viel und wie. Die Landesordnungen für Mähren und Schlesien von 1628 stellten im Allgemeinen die Grundzüge der Verfassung jener von Böhmen und Oesterreich gleich. Ferdinand II. hatte auf diese Weise, wenn auch in provinziellen Formen, einen im Principe einheitlichen Verfassungs-Organismus geschaffen und that gewissermassen in Oesterreich, was Richelieu in Frankreich gethan hatte. — Obgleich man in Ungarn schon vor der Krönung Maximilian II. den Ausdruck „wählen" umging, so bewirkten doch die alte Tradition, die innere Spaltung des Königreiches, das Beispiel der wählenden Polen so wie die Aufforderung der Osmanen und der Franzosen, dass die zwei Ideen der Wahlfreiheit und des Rechtes zum bewaffneten Widerstande bei Verfassungs-Verletzungen in den Köpfen der Magyaren fortspukten. Dieselben wurden endlich durch das dreifache Grundgesetz des Oedenburger Reichstages 1681, des Pressburger Reichstages 1687 und des Szathmarer Friedens von 1711 auf immer beseitigt. Namentlich wurde 1687 unter Leopold I. Ungarn zum Erbreich in der deutschen und spanischen männlichen Linie Habsburgs nach der Erstgeburtsfolge erklärt. Karl VI. pactirte endlich mit den Ständen seines Reiches jenes hochwichtige Erbfolgegesetz, welches den Namen der pragmatischen Sanktion führt. Dasselbe wurde auch auf dem Pressburger Reichstage 1723 angenommen, indem die ungarischen Stände versprachen, das erbliche Recht der Nachfolge auch bezüglich des weiblichen Geschlechtes des durchlauchtigsten Hauses Oesterreich anzuerkennen und zugleich untrennbar und unauflösbar mit allen übrigen Königreichen und Erbländern unter dasselbe Oberhaupt nach der für alle gemeinschaftlich festgestellten Erbfolgeordnung zu gehören. — Was die behördliche Regierungsthätigkeit betrifft, so wurde anfänglich die Gesetzgebung, die Verwaltung der Justiz, das Steuerwesen, ja das ganze Kriegswesen von den Landständen der einzelnen Länder geleitet. Die Stände waren nicht bloss die dem Fürsten gegenüberstehenden Repräsentanten des Landes nach damaliger Auffassung, sondern zugleich die dem Fürsten nominell unterstehenden, eigentlich aber sehr selbstständig wirkenden Verwaltungsorgane der einzelnen Länder. Uebrigens errichtete bereits Maximilian I. die ersten förmlichen Dikasterien, wie das Regiment, die Hofkammer, die kaiserliche Hauskammer in Wien, die Reitkammer in Innsbruck, das Hofgericht zu Neustadt, wenn diese Stellen auch noch nicht entfernt den Charakter wahrer Centralbehörden hatten. Ferdinand I. errichtete 1548 das erste Appellationsgericht für Böhmen und dessen Nebenländer in Prag und legte den Grund zum Hofkriegsrath in Wien 1556. Erzherzog Karl II. gründete den geheimen Rath über ganz Innerösterreich. Leopold I. gründete an der Stelle des geheimen Rathes, der von Ferdinand I. an durch das 16. und 17. Jahrhundert den obersten Rath des Kaisers für die Angelegenheiten der Erblande gebildet hatte, die kaiserliche Konferenz. Unter ihm gab es folgende oberste Rathskollegien: 1. der geheime Rath und die Kanzlei, 2. der kaiserliche Hof-Kammerrath mit der Buchhalterei, 3. der böhmische Hofrath und Kanzlei, 4. die niederösterreichische, 5. oberösterreichische, 6. innerösterreichische Hofkanzlei, 7. der Hofkriegsrath, 8. der ungarische Hofrath und Kanzlei, 9. der siebenbürgische Hofrath und Kanzlei. Unter Karl VI. wurden die innerösterreichische, niederösterreichische und oberösterreichische Hofkanzlei vereinigt, wogegen der niederländische und italienische Rath angefügt wurden. In Böhmen und seinen Nebenländern wurde, wie dies in Innerösterreich der Fall war, ein ständischer Ausschuss geschaffen, mit dem die Regierung in den gewöhnlichen Geschäften verkehrte. Epoche macht in organisatorischer Beziehung die Regierung Maria Theresiens. Sie vereinigte die österreichische und böhmische Hofkanzlei, welcher noch das niederländische und italienische Departement, die unter Karl VI. selbstständig waren, zugetheilt wurden, in ein directorium in publicis et cameralibus, bis später die Finanzsachen wieder getrennt wurden; sie gründete eine oberste Justizstelle 1749, eine Kommerz-Direktion, dann die Staatskanzlei mit dem Haus-, Hof- und Staatsarchiv 1752, und den Staatsrath zur Kontrolle der Hofstellen in inländischen Geschäften 1760. Die Verfassung aller österreichischen Erblande gründete sich auf die mittelalterlichen Elemente adeliger und geistlicher Herrschaft, welche in die Zeiten der Babenberger, Przemysliden und Arpaden zurückreichen; sie gedieh durch den germanischen Staatsgeist zu einer ständischen Gliederung, welche besonders bedeutsam auf den Landtagen hervortrat und lange Zeit die fürstliche Macht überwog, bis letztere systemmässig die Herrschaft erfasste. Was Ferdinand II. und Leopold I. vorherrschend mit blutiger Gewalt durchsetzten, das strebte Maria Theresia durch gewaltlose Mittel an. Bis zu ihrer Regierung waren die eigentlichen Landesbehörden in politischen, finanziellen und Justizgeschäften: die Statthaltereien, Regimentsräthe, die Landkammern und die Appellationsgerichte aus Gliedern der Stände zusammengesetzt. Die gesetzgebende Macht floss von der Krone aus, aber die Stände hatten die Ausübung derselben in der Hand, sie konnten durch Vorschläge die Richtung der Gesetze verändern, sie beschleunigen und zur Aufhebung bringen. Eben so lag die Umlegung, Einhebung und Abfuhr der Steuern, die Regulirung des Kredites, die Stellung und Verpflegung des Militärs, die Verwaltung der Landesökonomie in ihrer Hand. Maria Theresia suchte nun die Fülle der Staatsgewalt in der Person des Herrschers zu konzentriren. Die ständischen Provinzialgewalten wurden zwar nicht mit der Wurzel ausgerottet, jedoch so viel als möglich niedergebeugt und umgebogen. Kaunitz, Haugwitz, Chotek, Hatzfeld brachten das Werk zu Stande durch die neue Einrichtung der Behörden, Erlassung von allgemeinen Gesetzen, allmälige Herüberziehung einer Menge von Gefällen aus der Verwaltung der Stände in jene der landesfürstlichen Verwaltung (wie des Salzaufschlages 1750, des Tabak- und Stempelgefälls 1763, der Erbsteuer 1763) und Erhebung des Militärsystems, der Ausrüstung und Verpflegung der Armee zu einer reinen Angelegenheit der Regierung. Maria Theresia suchte in den Kreis der allmäligen Umwandlung des österreichischen Ländervereines, in dem noch immer das föderative Prinzip vorwaltete, in einen mindestens prinzipiell accentuirten Gesammtstaat auch Ungarn hereinzuziehen. Sie verlieh den Magyaren die höchsten Staats- und Hofwürden, gründete den Stephans-Orden, errichtete in Wien eine adelige ungarische Leibgarde und bestimmte eine ungarische Abtheilung an der Theresianischen Ritter-Akademie, zog die ersten Familien des Adels nach Wien und ernannte kluger Weise nach Batthyany's Tod keinen Palatinus mehr. Auf dem Landtage 1741 wurde Ungarn als das erste Reich der Krone erklärt. Auf dem zweiten Landtage 1765 kam nichts Wesentliches zu Stande. In den letzten 16 Jahren ihres Lebens wurde kein Landtag mehr gehalten. Sie vermochte durch den Nimbus ihres Namens manche inkonstitutionelle Massregel durchzuführen, wie denn die Regulirung des Urbariums ohne die Mitwirkung der Stände, somit verfassungswidrig angeordnet, von der Aristokratie jedoch aus Rücksicht für den gedrückten Bauer freiwillig befolgt wurde. Im Allgemeinen musste wohl die Gefahr und Noth, als die verschiedenen Völker Oesterreichs sich zur Vertheidigung der Erbrechte Theresia's und des ungetheilten Fortbestandes des österreichischen Ländervereines erhoben, in allen Adern des Volkslebens ein Gefühl der Zusammengehörigkeit erwecken und in den Führern des Heeres, sowie in den Leitern der Administration einen höheren politischen Geist zur Kombination der vielen im Inneren treibenden Kräfte erzeugen. Josef II. setzte die Reformen und Einheitsbestrebungen Maria Theresia's fort, nur auf eine in Bezug auf Raschheit, Tragweite und Nichtachten der Opposition potenzirte Weise. Während Maria Theresia keinen Nagel aus der ungarischen Verfassung nahm und überhaupt die Macht der Stände ohne Verletzung des formellen Rechtes gewaltlos abschwächte, um dieselben dem einheitlichen Staatszwecke nutzbar zu machen und der Regierung eine grössere Einheit und Kraft zu geben, wollte Josef II. die Stände als eine ihm gleichberechtigte Macht gar nicht anerkennen und glaubte die rechtlich bestehende Verfassung wie alte Verordnungen, die zweckwidrig geworden seien, beseitigen zu können. Obgleich die aristokratisch-nationale Reaktion gegen den aufgeklärten

Autokratismus Josef's endlich das Uebergewicht erlangte, den Kaiser auf seinem Sterbebette zum Widerrufe seiner wichtigsten Massnahmen zwang und die Stimmung des Landes unter Leopold II. gefährlich zu werden drohte, indem Abgeordnete des ungarischen Landtages selbst in Berlin erschienen und die Garantie des preussischen Kabinets für die ungarische Verfassung begehrten, so wurde der Sturm doch wieder beschwichtiget. Im Uebrigen dagegen wurde unter Kaiser Franz I. und seinem Nachfolger bis zum Jahre 1848 doch eine gewisse Centralregierung für die beiden Haupthälften des Gesammtstaates erhalten. Die geheime Haus-, Hof- und Staatskanzlei für die auswärtigen Angelegenheiten, der Hofkriegsrath für das gesammte Militärwesen, die allgemeine Hofkammer für die Finanz-, Bergbau-, Handels-, Industrie-, Post- und Eisenbahn-Angelegenheiten waren so wie der Staatsrath und die Staatskonferenz Behörden, deren Wirksamkeit sich auf den ganzen Staat erstreckte. Ungarn hatte zwar seine besondere Hofkanzlei und Hofkammer und ebenso Siebenbürgen seine besondere Hofkanzlei, allein der Central- und Schwerpunkt der Regierung lag in dem Staatsrathe und in der Staatskonferenz. Die ungarische und siebenbürgische Hofkanzlei hatten eine diesen Regierungs-Organen entschieden untergeordnete Stellung. Ungarn hatte keine selbstständige oberste Spitze, seine Unterordnung war höchstens einigermassen maskirt. — Belangend endlich die Aeusserlichkeiten des Siegels und Titels, so soll sich der königlich ungarische Statthaltereirath laut Landtagsbeschlusses von 1722—23 „des Siegels Seiner k. k. Majestät mit dem Adler und den Insignien des Königreiches in der Mitte bedienen, sowie dies auch in den übrigen Erbkönigreichen und Ländern zu jeder Zeit gebräuchlich war", und sollen die Bestimmungen des Patentes vom 1. August 1804, wornach Franz I. den Titel eines erblichen Kaisers von Oesterreich annahm, „in allen Erbkönigreichen und Staaten kundgemacht und in Ausübung gesetzt werden."

2. Diese speziellen Thatsachen bieten wohl hinreichende Belege zur Rechtfertigung unserer obigen Antwort und ent-

halten zugleich die Prämissen zur Beantwortung der Frage, ob in Oesterreich eine Personal- oder Real-Union bestanden habe. Unter einer Personal-Union verstehen wir jenes Verhältniss, wo zwei oder mehrere Staaten an sich zwar selbstständig regiert werden, jedoch die nämliche Persönlichkeit zum Staatsoberhaupte haben. Unter einer Real-Union verstehen wir die Vereinigung zweier oder mehrerer Staaten zu einem einzigen Staate mit dem Vorbehalte sich unter einer gewissen Voraussetzung, insbesonders für den Fall des Erlöschens der gemeinschaftlichen Dynastie, wieder als besondere Staaten konstituiren zu können. Würde man das Merkmal der bedingungsweisen Trennung in den Begriff der Real-Union nicht aufnehmen, so würde sich diese von dem gewöhnlichen Staate gar nicht unterscheiden, während der Begriff einer Union doch eine gewisse Selbstständigkeit der unirten Glieder und darin zugleich den Unterschied von der absoluten Einheitlichkeit des einfachen Staates andeutet. Anfänglich bildete Oesterreich ohne Zweifel eine scharf ausgeprägte Personal-Union, und zwar nicht bloss eine zweispaltige zwischen den sogenannten Erbländern und Ungarn sammt seinen Nebenländern, sondern eine mehrspaltige zwischen der altösterreichischen Ländermasse, der böhmischen Ländermasse, Ungarn, Siebenbürgen, Kroatien und Slavonien, den Niederlanden, Mailand. Allein das Unnatürliche einer solchen Personal-Union war zu grell, um lange bestehen zu können. Mehr und mehr, nicht nach theoretischen Schulsätzen, wohl aber durch die Macht konkreter Bedürfnisse und fortgesetzter Thatsachen trat der Karakter der Personal-Union zurück und jener einer Real-Union hervor. Wie unendlich schwer fiel es selbst unter Leopold I., wo doch die gemeinsame Erbfolge bereits allenthalben durchgesetzt war und in Wien bereits eine oberste Verwaltung bestand, die Kräfte der einzelnen Länder zur Führung der grossen Kriege gegen die Franzosen und Türken gehörig aufzubieten. Welche Reihe von Klagen erhebt der treffliche, nicht bloss von den deutschen Oesterreichern, sondern auch von den Ungarn ob seiner Feldherrngrösse und seiner poli-

tischen Milde und Weisheit hochgefeierte Prinz Eugen von
Savoyen nicht während seiner Amtsführung als Armeekommandant im Felde, wie als Präsident des Hofkriegsrathes!
Der unleidliche Zustand des schroffen Separatismus musste
anders werden, und so gestaltete sich im Verlaufe der Zeit
ein Verhältniss, welches sich vielleicht streng richtig weder
als Personal-Union, noch als Real-Union definiren lässt, welches aber trotz seiner logischen Disparität factisch bestand
und weiter wuchs, wie denn das praktische Leben überhaupt
die scharfen Ecken der reinen Begriffe abschleift und das,
was sich im abstrakten Denken widerspricht, oft in lebensvoller Bildung ineinanderfliessen lässt. Am längsten erhielt
sich allerdings der Dualismus zwischen den deutsch-slavischen
Erbländern einerseits und Ungarn mit seinen Nebenländern
andererseits, allein selbst dieser Dualismus war weit entfernt,
dem Begriffe einer Personal-Union zu entsprechen, wenn man
anders die den breiten Raum der Geschichte erfüllenden Thatsachen und nicht fiktive Rechtsdeduktionen zur Basis seines
Urtheils nimmt. Es gab in der Wesenheit nur Eine Armee,
nur Eine Finanzverwaltung, nur Eine Vertretung nach Aussen.
Der Kaiser und König verlangte von den ungarischen Ständen in Gemässheit der bestehenden Einrichtungen die Stellung von Truppen, allein Niemand dachte daran, dass zur
Unternehmung eines gemeinsamen Krieges zwischen Oesterreich und Ungarn erst ein völkerrechtlicher Vertrag, ein
Kriegsbündniss abzuschliessen sei. Wiewohl die ungarischen
Finanzen unabhängig von der allgemeinen Hofkammer, durch
die ungarische Hofkammer geleitet werden sollten, so wurde
doch der Erlös der nach dem Heimfalle wieder veräusserten
ungarischen Krongüter, ein Theil des Postgefälls und endlich
im Allgemeinen ein Beitrag von mehreren Millionen der ungarischen Staatseinkünfte in die allgemeinen Staatskassen der
Monarchie abgeführt. Wenn endlich Oesterreich einen Frieden schloss, so galt dieser selbstverständlich auch für Ungarn, ohne dass für letzteres Land eine besondere Verhandlung gepflogen wurde. Kurz die Behandlung der ungarischen

und österreichischen Staatsangelegenheiten war so vielfältig verwebt, dass das Verhältniss beider Theile trotz der eigenthümlichen Bestimmungen der ungarischen Verfassung im grossen Ganzen den überwältigenden Eindruck einer innigen Realverbindung machte und nicht im Entferntesten mit einer wahren Personal-Union, wie sie z. B. zwischen England und Hannover bestand, wo in der That jeder Theil seine besondere Armee und Flotte, seine selbstständigen Finanzen und seine eigene Diplomatie hatte, verglichen werden kann. Diejenigen, welche sich zur Erhärtung massloser Ansprüche Ungarns stets auf dessen historische Verfassung berufen, und mit Vorliebe auf gewisse logisch-mögliche Folgerungen seiner alten Gesetze stützen, mögen daher nur in die wahre Wirklichkeit zurückgreifen und über einzelnen Artikeln den Wald von Thatsachen nicht übersehen.

## III.

**War der zwischen den deutsch-slavischen Erbländern und Ungarn wirklich bestehende staatsrechtliche Dualismus ein politisch befriedigendes Verhältniss?**

1. Die Verbindung Ungarns und seiner Nebenländer mit Oesterreich hatte einerseits den Zweck, Ungarn durch diesen Anschluss eine tüchtige Kriegshilfe gegen die Türken zu sichern und andererseits die Hausmacht des Hauses Habsburg zu erweitern. Die Verbindung war eine reiche Quelle der Zwietracht, der Rechtsüberschreitung, der Rebellion, der Despotisirung und blutiger Gräuel. Der Ungar mag mit vollem Rechte der Belgiojoso, Basta, Caraffa, Heister, der gesetzwidrigen Inquisitionsgerichte zu Wien, in der Neustadt, zu Pressburg, zu Leutschau und der kannibalischen Schlachtbank von Eperies mit Entsetzen gedenken, allein der Oesterreicher ist wohl nicht minder berechtiget, die Zapolya, Botskay, Bethlen, Tököli, Rakoczy und Kossuth als die Koriphäen einer Reihe fürchterlicher Bürgerkriege anzusehen.

Es zeigt von einer politisch beschränkten und historisch ungelehrigen Auffassung, die Ursachen grosser Staatsübel und Revolutionen einzelnen Persönlichkeiten allein in die Schuhe zu schieben. So gut die Donau, welche Ungarn durchströmt, sich aus tausend Bächen und Flüssen nährt, eben so setzen sich Bürgerkriege und Reaktionen aus einer Menge von Elementen zusammen, welche weit über das Verschulden einzelner Individuen hinausragen. Je länger der Zeitraum ist, den man überblickt, desto mächtiger tritt uns ein unwillkürlicher Zug der Geschichte entgegen. Das Verhältniss Ungarns zu Oesterreich war, wenn man der hundertmal gegebenen und hundertmal gebrochenen feierlichen Versprechungen und aller angewendeten Mittel gedenkt, um Ungarn auf deutschem Fusse einzurichten, gewiss ein unseliges, allein, wo führt uns die Geschichte nur durch rosige Auen? Kämpfe, Verwicklungen, Verbrechen und rächende Akte sind von dem Laufe menschlicher Dinge und staatlicher Gestaltungen insbesonders untrennbar. Von diesem objektiven Standpunkte fassen wir auch die Wirren der Jahre 1848 und 1849 auf. Wir sind weit entfernt, wenn wir uns die Genesis dieser Ereignisse, den rücksichtslosen Uebermuth auf der einen, die Schwäche, Inkonsequenz und Zweideutigkeit auf der anderen Seite in das Gedächtniss rufen, Ungarn darob nach dem Kriminal-Kodex behandeln zu wollen, wie es denn überhaupt eine der grössten Verkehrtheiten ist, ganze Nationen strenge nach formalen Rechtsprinzipien beurtheilen zu wollen. In den Verhältnissen des bürgerlichen Lebens ist der nothwendige Leitstern das Recht, in den Verhältnissen des öffentlichen Lebens dagegen ist und bleibt es das allgemeine Wohl. Der Rechtstitel des allgemeinen Wohles aber findet meist erst dann wirkliche Anerkennung, wenn' er sich in den Leib zwingender Thatsachen gekleidet hat. Die tiefste Ursache der ungarischen Revolution lag in der Unhaltbarkeit der ungarischen Verfassung. Dieselbe beruhte allerdings auf historischer Grundlage, allein sie widersprach einerseits dem ganzen Zeitbewusstsein durch ihre nicht nur die persönliche, sondern auch die ökonomische Entwicklung der Nation niederhaltende Bevorrechtung der Aristokratie, und sie widersprach andererseits dem heutigen Begriffe einer entwickelten echten Konstitution, da die Krone des heiligen Stephan ein gutes Stück Absolutismus in sich trug, keine Minister-Verantwortlichkeit kannte und überhaupt die Stellung Ungarns zu dem übrigen Theile der Monarchie keine ganz klare und entschiedene war. Die ungarischen Patrioten erkannten auch die Nothwendigkeit einer Reform, und die Landtage von 1832, 1839 und 1843 thaten vieles zum Besten der unteren Stände, freilich unter heftigem Widerstande einer Clique, welche heut zu Tage mit den Sprechern der Menge Chorus macht. Die dringlichsten Reform-Gegenstände beschäftigten auch den am 9. November 1847 eröffneten Landtag in Pressburg nur ungleich energischer als sonst. Die Februar-Ereignisse des Jahres 1848 in Paris befeuerten zu Folge ihrer elektrischen Nachwirkung in ganz Europa auch den Muth der ungarischen Bewegungsmänner und steigerten deren Begehren. Die Bewegung hätte übrigens gewiss in Ungarn ebensowenig wie in Oesterreich so verheerend zum Ausbruche kommen können, wenn nicht in beiden Reichshälften Krankheits- und Brandstoffe in Fülle aufgehäuft gewesen wären. Die ungarische Verfassung war eben so angefault wie der österreichische Absolutismus. Die staatsrechtliche Zwitterstellung Ungarns zu Oesterreich war nur so lange haltbar, als der gemeinsame Beherrscher in Oesterreich absolut, und in Ungarn in vielen, ja gerade in den entscheidendsten Beziehungen nahezu absolut war, und sohin ganz nach seinem eigenen Ermessen Kollisionen zwischen diesseits und jenseits vermeiden oder doch beschränken und beilegen konnte. Als jedoch einerseits der ungarische Landtag sich einseitig auf den Standpunkt eines mit Oesterreich bloss äusserlich durch das gemeinsame Band der Dynastie verbundenen Magyaren-Reiches stellte und die sogenannten Errungenschaften des März, welche an sich allerdings als eine konsequente Fortbildung und Modernisirung der bisher bestandenen Verfassung anerkannt werden müssen, in keiner Weise modifiziren und mit den Interessen der Gesammtmonarchie in Einklang bringen wollte, und als andererseits auch die alten Erbländer der Monarchie vollen Anlauf nahmen, sich in einen konstitutionellen Staat umzugestalten, da wurde die Sonderstellung Ungarns schlechthin unhaltbar, und, da sich so grosse, tief einschneidende Probleme nach dem Zeugnisse aller Zeiten nur äusserst selten auf friedliche Weise lösen, ein gewaltsamer Bruch unausweichlich. Ungarn musste sich entschuppen, musste in eine neue Form gegossen werden, und die Geschichte hatte sohin wieder eine jener Aufgaben zu lösen, welche mit einer unendlichen Verwirrung beginnen, den Knoten mit Blut tränken, zuletzt aber doch nach dem Naturgesetze genetischer Entwicklung zur Entwirrung und nach wiederholten Bebungen zum Abschlusse kommen.

2. Welche Folgerung ergibt sich nun aus diesen Thatsachen? Wir meinen, keine andere, als dass das Verhältniss einer Personal-Union zwischen Oesterreich und Ungarn, wie es anfänglich bestand und wie es im Jahre 1848 erneuert wurde, sich schlecht bewährte, dass dasselbe in Zukunft noch weniger ausführbar ist als in der Vergangenheit, dass es heute zugestanden, so unwiderstehlich ist die Macht der Verhältnisse, übermorgen wieder angegriffen, beschränkt und endlich beseitigt werden würde. Eine blosse Personal-Union ist 1. keine Quelle zur Kräftigung, sondern eine **Veranlassung zur Schwächung der Staatsmacht.** Denn da das Fürstenthum der Hauptträger der Staatsgewalt ist, da sich der Fürst und der Staat schwer trennen lassen, so geht bei jedem derartigen Verbande das Streben dahin, beide Staaten, besonders wenn sie geographisch zusammenhängen, in eine Real-Union oder gar in eine volle Staatseinheit überzuführen. Diesem Streben tritt ein eben so entschiedenes Streben entgegen, die Selbstständigkeit der Gesetzgebung, der Verwaltung, der Rechtsinstitutionen zu erhalten. Wie sehr wird nun die Kraft und die Harmonie beider Theile durch das beständige Misstrauen, die gegenseitige

Erbitterung, die vielfachen Hemmungen und die unvermeidlichen Konspirationen des sich unterdrückt wähnenden Theiles zerstört und abgeschwächt. Eine reine Personal-Union bringt 2. den Monarchen in eine völlig unhaltbare Stellung. Er ist Herrscher des einen Landes und soll nicht selten sein eigener Gegner im andern Lande sein. Handelt er als Haupt der einen Partei, so bricht er oft sein verbrieftes Wort und gibt die Ehre des Thrones durch Perfidie Preis. Will er die andere Partei nehmen, so setzt er sich in Widerspruch mit seinem eigenen Volke, das sich patriotischer dünkt als sein Fürst. Die reine Personal-Union entspricht 3. nicht dem Begriffe der Volkswürde. Da ein solches Verhältniss nämlich so tief nachtheilig ist, und besser gelöst oder umgestaltet würde, so hat es den Anschein, als ob die Völker nicht in Verfolgung ihres eigenen Interesses, sondern aus blossem Respekt vor der herrschenden Familie sich derselben unterworfen hätten und aus rein dynastischer Devotion in dem unseligen Verhältnisse verharren. Die blosse Personal-Union hat 4. die ganze Strömung der neueren Geschichte gegen sich. Die Herzogthümer und Grafschaften Frankreichs, die spanischen Königreiche, England und Schottland, die österreichischen Erbländer, die Länder der preussischen Krone, Polen und Russland, einst insgesammt Personal-Unionen, schmolzen in einen Staat zusammen. Die Verminderung der Staatenanzahl ist überhaupt ein Grundzug der neueren Zeit gegenüber dem Mittelalter. Der mächtigere absorbirt den schwächeren Staat. Ungarn hat es nicht mit Schmerling, nicht mit Seiner Majestät dem Kaiser Franz Josef I., sondern mit Oesterreich zu thun. Oesterreich aber ist zähe, hat bisher immer gesiegt und wird durch die stille Macht der Zeit wieder zur Kraft gelangen und über die Ueberschwenglichkeiten des ungarischen Pathos zur Tagesordnung übergehen.

3. Man weise zur Widerlegung unserer Behauptungen nicht auf das seit 1814 datirende Verhältniss Schwedens und Norwegens hin. Beide Staaten haben einen Flächen-

raum von 13,734 Quadr.-Meilen und eine Bevölkerung von
5 Millionen, wornach auf die Quadr.-Meile etwa **360** Bewohner
kommen. Oesterreich und Ungarn haben über 11,700 Quadr.-
Meilen, etwa 36 Millionen Einwohner, wornach auf die Quadr.-
Meile **2150** Einwohner kommen. — Schweden und Norwegen
sind durch das Kiölengebirge geschieden, während Oesterreich
und Ungarn in einer grossen Ebene zusammentreffen und
durch tausend Verkehrsadern in einer unendlich beziehungs-
reichen Wechselwirkung stehen. — Schweden und Norwegen
liegen im äussersten Norden, sind insularisch abgeschieden
und haben, das Verhältniss zu Russland ausgenommen, fast
gar keine Berührungspunkte mit den grossen Fragen der
Politik. Oesterreich befindet sich im Centrum Europas und
ist seit Jahrhunderten als Grossmacht an allen Welthändeln
betheiligt. Wer möchte nun aus den Kontrasten der inneren
und äusseren, der nationalen und geschichtlichen Verhältnisse
dieser zwei Staatengebilde gerade auf eine Analogie ihrer
staatsrechtlichen Gestaltung schliessen wollen! Und selbst
Schweden und Norwegen, welches übrigens nicht freiwillig,
sondern in Folge Beschlusses der Grossmächte und eines
verlornen Feldzuges in diese Verbindung eintrat, haben einen
gemeinsamen Staatsrath, eine gemeinsame Diplomatie und
müssten wohl auf eine noch weitere Einigung denken, wenn
sie in ihrer ruhigen Häringsfischer- und Waldbauer-Existenz
durch eine grössere Frage ihres Staatsthums aufgeschreckt
werden sollten. — Möchten die Vertheidiger der Personal-
Union ihre Blicke lieber auf das Verhältniss Dänemarks und
Schleswig-Holsteins richten. Gibt es ein traurigeres Missver-
hältniss zwischen Recht und Utilität als in dem unseligen
Personal-Verhältnisse dieser Staatstheile? Der ganze, trostlose
Jammer dieser unglückseligen Grenzlande Deutschlands, worauf beruht er anders als darauf, dass dieselben einerseits
weder als selbsständiger Staat bestehen, noch dermalen in
Preussen aufgehen können und andererseits wieder zu Däne-
mark kein Herz haben, um sich als Theil dem höheren
Staatsganzen willig einzufügen? — Erwägen wir endlich die

Analogie mit England, womit sich Ungarn so gerne vergleicht.
England wurde nach dem Ende der römischen Beherrschung
von Sachsen und Angeln, von Friesen und Jüten bevölkert,
ebenso wie Ungarn von vielnamigen Slaven. So wie dort nach
einem kurzen Abschnitte dänischer Herrschaft die Normannen
als Eroberer eine neue Grundvertheilung vornahmen, ein
neues System der Kriminal-Justiz einführten, die Gesetzes-
sprache änderten, das Lehenwesen begründeten, kurz den ganzen
Staat umkehrten und sich lange Zeit als den herrschenden Stamm
geltend machten: so ritten im 9. Jahrhundert die Magyaren
in das grosse ungarische Donauthal herein und liessen bis
zur jüngsten Zeit die übrigen Völkerstämme ihre Herrschaft
fühlen. Die englischen Volkselemente verschmolzen später,
bis auf die Walliser, zu dem heutigen, kernhaften Britten-
volke; die Bewohner Ungarns dagegen blieben in weit hö-
herem Grade in schroffe Nationalitäten gespalten. Wir stossen hier jedenfalls auf einen mächtigen Unterschied zwischen
der nationalen Grundlage beider Reiche. England, Schottland und Irland waren lange Zeit hindurch selbstständig
und führten gleich den einzelnen Ländern der nunmehrigen
österreichischen Monarchie die blutigsten Kriege wider einander; allein die geographische Lage drang denselben eben
so wie in Oesterreich die Einigung als das leitende General-
prinzip der äussern und hierauf auch der innern Politik auf.
Wie oft erhob sich das unterdrückte Irland gegen seine Pei-
niger, wie oft standen sich die Schotten und Engländer selbst
nach der Vereinigung in Schlachten gegenüber, und doch
siegte die nothwendige Idee der Einheit! Sollte dies nicht
ein Fingerzeig des Schicksals auch für Ungarn sein?

## IV.

**Worin kann möglicherweise der Typus einer öster-
reichischen Reichsverfassung bestehen?**

Die Räthsel der Sphinx waren kaum schwieriger lösbar
als die Beantwortung dieser Frage. Auf keinen Fall fällt

die fertige Charte Oesterreichs vom Himmel herab, sondern tausend und tausend geistige Kräfte müssen sich des Problemes bemächtigen, damit sich die öffentliche Meinung darüber klar werde, mehr und mehr zur Uebereinstimmung gelange und endlich durch ihre unwiderstehliche Macht das grosse Werk begründe, stütze und erhalte.

1. Stellen wir uns zunächst auf den Standpunkt der reinen Theorie und erwägen wir die logisch-möglichen Verfassungsformen des österreichischen Kaiserstaates. Als erste Möglichkeit stellt sich die Gestaltung Oesterreichs in der Form eines centralisirten Einheitsstaates, etwa nach dem Vorbilde von Frankreich, Belgien oder selbst von Spanien und Preussen dar. Diese Idee, darin dürfte man jetzt so ziemlich einig sein, ist unausführbar in absolutistischer wie in konstitutioneller Form. Oesterreichs Königreiche und Landschaften, durch Eroberung, durch Belehnung, durch Erbverträge und durch Ehebündnisse allmälig aneinander geschlossen, bildeten stets mehr eine Staatenverbindung als einen einzigen Staat; sie sind in der That politisch-nationale Individualitäten, welche fest in dem Boden der Geschichte wurzeln, eine eigenthümliche Bevölkerung, eigene durch die Zeit theuer gewordene Gebräuche und Gewohnheiten, eigene Anstalten und Interessen, einen besonderen Geist und einen selbstständigen Charakter haben, der sich nicht mit dem Hebel einer abstrakten Gleichmacherei nivelliren lässt. — Die Centralisation ist selbst in Frankreich, welches dafür wie geschaffen scheint, verderblich; denn dieselbe bringt den Terrorismus der Hauptstadt, den grossen Einfluss der im Mittelpunkte festgewurzelten Korruption, die Erdrückung des freien Gemeindelebens, und den Mangel einer wahrhaft konservativen Politik als natürliche Folge mit sich. Wie viel weniger aber würde die Centralisation für ein Reich passen, dessen Königskronen und Fürstenhüte noch jetzt neben dem Kaisermantel prangen. — Die Unausführbarkeit dieses Systemes hat sich schon bei den Versuchen Kaiser Josef II. und des Ministeriums Bach gezeigt. Die Geschichte lässt

sich nicht aus dem Buche des Lebens weg dekretiren, die Gegenwart kann nicht in die Luft bauen, sie kann und soll das Vergangene nur umformen. Diese historische Verschiedenheit ist insbesonders für die östliche Hälfte der Monarchie massgebend. — So wenig die Idee der Einheit Oesterreichs im Allgemeinen aufgegeben werden kann, so wenig dürfte ein centralisirter Einheitsstaat selbst in Zukunft ausführbar sein. Die verschiedene Natur der Völker bildet eine Fontäne, durch welche der in der Tiefe arbeitende Geist des Sonderthums sich fortwährend empordrängt und die Richtung der Zukunft bestimmt. So wie zwar die Religionskriege aber nicht die Religionskämpfe aufgehört haben, sowie eine gemeinsame Kirche und eine gemeinsame Weltsprache ein Unding bleiben: ebensowenig wird die sonderinteressliche Spannung der Nationalitäten ein Ende nehmen. Sie sollen und können allerdings friedlich im gemeinsamen Hause nebeneinander wohnen, allein dann muss man jeder Familie auch ihre eigenthümliche Wohnung gewähren. Als zweite Möglichkeit ergibt sich die Organisation Oesterreichs in Form eines **Bundesstaates** mit besonderen National-Parlamenten in Wien für die altösterreichischen Erbländer, in Prag für die böhmisch-mährisch-schlesischen Länder, in Lemberg für ganz Galizien und die Bukowina, in Pest für Ungarn, in Agram für Kroatien, Slavonien und Dalmatien, in Klausenburg für Siebenbürgen und in Verona für das lombardisch venetianische Königreich, mit nationalen Statthaltern oder Landes-Ministerien, welche diesen National-Parlamenten verantwortlich wären, und mit einem Reichs-Ministerium an der Spitze, welches die gemeinsamen Angelegenheiten im Sinne der verschiedenen Parlamente oder eines von denselben zu wählenden vereinigten Ausschusses zu besorgen hätte. Die vorstehende Formel deutet natürlich nur einen sehr allgemeinen, höchst elastischen Inhalt an. Im Prinzipe jedoch erscheint dieser Modus verwerflich. Derselbe widerspricht vor allen dem Geiste der Neuzeit, indem die altösterreichische und böhmische Ländermasse seit langer Zeit ein politisches

Ganzes bilden. Mähren und Schlesien depondiren gewiss lieber von Wien als von Prag. Eben so wenig würde Dalmatien Lust haben, mit Beschränkung seiner Landes-Autonomie in dem sogenannten dreieinigen Königreiche, welches in der Todtengruft der Geschichte zu entdecken sein mag, aber nicht mehr zu den lebenden Gestaltungen gehört, aufzugehen. — Wie ausserordentlich würde ferner die Durchsetzung von Angelegenheiten, welche trotz ihres gemeinsamen Interesses in das Ressort der nationalen Ländergruppen fielen, erschwert, wenn die einzelnen Statthalter- oder Länder-Ministerien sich miteinander in das Einvernehmen setzen müssten, oder wenn das Reichs-Ministerium die Aufgabe hätte, eine Angelegenheit mit allen oder doch mehreren National-Parlamenten durchzumachen. Man erwäge den Aufwand von Zeit, Mühe und Kraft, die unseligen Wiederholungen, Vermittlungen und Ungleichheiten, wenn die Regierung, statt in einer parlamentarischen Hauptschlacht mit einer aus Männern verschiedener Provinzen zusammengesetzten Versammlung zu siegen oder zu fallen, den Kampf sechs- und siebenmal mit den einzelnen National-Parlamenten nacheinander bestehen und überall mit besonderen Argumenten kämpfen müsste, weil eine Provinzial-Vertretung ihrer Natur nach für gewisse, wenn auch an sich ganz statthafte Gründe weniger empfänglich ist, sobald dieselben ihren Sonderinteressen nicht entsprechen. Provinzial-Vertretungen können nur neben und unter einer allgemeinen Reichsvertretung bestehen, allein nimmer letztere ersetzen. Dieselben würden sonst allgemeinen Angelegenheiten eine provinzielle Absicht abzugewinnen suchen, und es ist auch kaum zu tadeln, wenn ein Theil, der mit seinen Nebentheilen nicht gemeinschaftlich diskutirt, nur isolirt für sich handeln will. — Eine solche Verfassung wäre ein Rückschritt in das Mittelalter, wo die Sonderthümlichkeit allenthalben in Hülle und Fülle aufschoss und bestand, während unsere Zeit überall, man denke an Frankreich, an Spanien, an Deutschland, an Italien, ja selbst an England, der Homogenität nachstrebt und dadurch die Kraft der Staaten konzentrirt. — Eine dritte

Möglichkeit der Organisirung Oesterreichs läge in der Form eines Dualistischen Staatenbundes zwischen den deutschen, slavischen und italienischen Provinzen einerseits und Ungarn sammt seinen Nebenländern andererseits. Die Unhaltbarkeit oder mindestens die Verderblichkeit eines solchen Verbandes für beide Theile dürfte sich aus der vorausgeschickten Würdigung der Personal-Union ergeben haben. Es wurde von ungarischer Seite grossmüthig in Aussicht gestellt, dass sich Ungarn von Fall zu Fall herbeilassen dürfte, mit Oesterreich gemeinsame Angelegenheiten zu erörtern. Wie oft glaubt man wohl, dass dieser Fall sich ereignen würde? Alltäglich oder etwa alle drei, fünf Jahre einmal? Ist es nicht ein Hohn gegen den gesunden Verstand, zwei Staatstheilen, die auf nahe 200 Meilen zusammengrenzen, durch keine Zollinie getrennt sind, seit Jahrhunderten unter der nämmlichen Fahne gefochten haben, kurz tausend Lebensinteressen gemein haben, zuzumuthen, dass sie sich von Fall zu Fall diplomatisch oder mit langweiligen Kommissionen, für die natürlich auch wieder von Fall zu Fall Zeit, Ort, Zusammensetzung und Reglement bestimmt werden müsste, in das Einvernehmen setzen, und wenn kein Einvernehmen erzielt würde, den Dingen ihren Lauf zu lassen! Ein Vorschlag dieser Art gehört der abstraktesten Theorie an, und wer seine praktischen Folgen übersehen will, des belehre sich aus den Protokollen des deutschen Bundestages und den heiligen römisch-deutschen Reiches, was da herauskommt. — Das Projekt, die Ministerien der Finanzen, des Krieges und der auswärtigen Angelegenheiten zu centralisiren und dieselben dem ungarischen und dem österreichischen Parlamente verantwortlich zu machen, verstösst gegen die Grundelemente der Staatskunst, wenn man dabei anders den Konstitutionalismus ernst und nicht als eine blosse Maske des Absolutismus auffasst. Wo hat man die Garantie, dass die beiden Parlamente in allen wesentlichen Dingen harmoniren, und welcher Richtung soll das Ministerium folgen, wenn sie nicht übereinstimmen, was sogar zur Tagesordnung werden kann? Soll es, wenn Oesterreich angegriffen wird, den Feind mit halber und getheilter Kraft abwehren, oder zusehen, wie dieser eine Provinz nach der anderen vom Körper abtrennt? Ein ähnlicher Antrag wurde zwar von dem Ministerium Wessenberg-Doblhoff im Sommer 1848 an das Ministerium Batthyanyi-Kossuth gestellt, allein dieser Vorschlag konnte wohl nur als ein erster Schritt, als eine Kombination des Tages, aber nimmer für die ganze Zukunft gemeint gewesen sein, weil eine solche Hermaphroditen-Schöpfung allzu naturwidrig wäre.

2. Wenn nun keine dieser Grundreformen in ihrer vollen Schärfe den natürlichen Bedingungen, den historischen Verhältnissen und den Anforderungen der Neuzeit entspricht, so dürfte die Befriedigung Oesterreichs nur durch eine Verfassung möglich sein, welche zwischen den auseinandergehenden und theilweise insgesammt berechtigten Richtungen eine weise Mitte zu halten versucht. Ueber die konkrete Gestaltung dieser Verfassungsform wird selbstverständlich stets eine Meinungsverschiedenheit bestehen, was uns jedoch nicht abhält, unsere individuelle Ansicht darzulegen. Stellen wir uns auf den Standpunkt der Regierung, welche diese Verfassung zu entwerfen hätte, so dürfte dieselbe Elemente, welche in der Verfassung auf keinen Fall fehlen dürfen, und sohin ausser der Diskussion stehen, und Elemente, worüber die Entscheidung von der Vereinbarung abhinge, zu unterscheiden haben. Als unbedingt nothwendige Elemente der Verfassung bezeichnen wir 1. die monarchische Herrschaftsform; 2. die Gliederung der Verfassung in eine Reichsverfassung, in eine Verfassung des deutsch-slavischen, des ungarischen und des italienischen Ländervereins und in eine Verfassung der einzelnen Kronländer; 3. die Bildung einer Reichsvertretung auf der Grundlage des Zweikammer-Systems; 4. die vollständige Theilung der Staatsgewalt zwischen dem Monarchen und der Volksvertretung; 5. die Verantwortlichkeit der Minister im Prinzipe. Die Erbmonarchie versteht sich als ein natürliches Gewächs in dem politischen Garten Europas, als eine Thatsache, deren Wurzeln in dem Boden

einer mehrhundertjährigen Geschichte haften, und als eine
politische Nothwendigkeit für die Erhaltung Oesterreichs insbesondere von selbst. — Die Gliederung der Verfassung
nach Kronland, Länderverein und Reich dürfte das
beste Mittel bieten, dem Einheitsbedürfnisse wie den separa-
tistischen Anschauungen gerecht zu werden. Es ist keine vor-
übergehende Tages-Agitation, sondern eine tief gewurzelte,
unausrottbare Thatsache, dass Ungarn, Kroatien und Siebenbürgen sich zu Folge ihrer geographischen Lage, ihrer historischen Geschicke und ihrer eigenthümlichen Institutionen,
die wieder auf der sozialen Schichtung der Bevölkerung und
ihren traditionellen Sitten beruhen, im Gegensatze zu den
deutsch-slavischen Provinzen als ein zusammengehöriges Ganzes fühlen. Man gönne daher dieser Eigenthümlichkeit im
Verfassungsbaue Raum. Die höhere Staatskunst hat nur dafür zu sorgen, dass diese Eigenthümlichkeit nicht überwuchere,
dass die verschiedenen Nationalitäten in den gemeinsamen
Angelegenheiten die Vortheile der Homogenität mehr und
mehr erkennen und freiwillig einer Richtung folgen, welche
sie im Wege der Oktroirung als ein lästiges Joch von sich
weisen. Ebenso bedürfen die lombardisch-venetianischen Provinzen, soll ihnen das Verbleiben bei Oesterreich erträglich
gemacht werden, so viel als möglich einer Schonung ihrer
eigenthümlichen, vollkommen ausgebildeten und in ihrer Art
der deutschen durchaus ebenbürtigen Nationalität. Der sogenannte Beruf Oesterreichs, die Kultur nach Osten zu tragen,
die in allen Beziehungen zurückgebliebenen Russinen, Ro-
manen, Serben u. s. w. zu bilden, kann nicht auch dahin ausgedehnt werden, die Kultur nach Süden zu tragen und die
Italiener zu bilden. Die Italiener fühlen sich selbst, sind uns
als Individuum dem Individuum gegenüber sogar häufig über-
legen, stossen insbesonders die Pedanterie unserer Formen
zurück und wollen, so wie der Deutsche von einem einigen,
unabhängigen und reintegrirten Deutschland träumt, nach dem
Gesetze der Geographie, der Nationalität und der geschichtlichen Entwicklung sich selbst angehören. Man regiere sie

daher, so lange die italienische Frage nicht eine andere Lösung findet, zwar unter kräftiger Abwehr aller Losreissungs-Versuche, gönne ihnen übrigens in der eigenthümlichen Gestaltung ihres Staatslebens so viel Terrain als möglich und führe sie zur Ueberzeugung, dass ihre materiellen Interessen unter österreichischer Herrschaft mehr Pflege finden als unter jener Piemonts, welches sein Grossmachts-Patent noch mit viel Blut und Geld zu bezahlen haben wird. — Die Reichsvertretung hätte jedenfalls auf dem Principe des Zweikammer-Systems zu beruhen. Zwei Kammern geben 1. der Verschiedenartigkeit im Volke Raum, ohne die Staatseinheit in Korporationsstimmen aufzulösen. Jedes Volk ist ein Inbegriff von Individuen und Körperschaften, welche verschiedene, nicht selten kreuzende Interessen verfolgen und das allgemeine Beste fällt nur selten mit einer Massregel zusammen, welche alle Mitglieder des Staates im gleichen Sinne wünschen. Das allgemeine Beste beruht vielmehr auf einer Vermittlung der vielen sich entgegengesetzten Interessen, es ist der Durchschnittspunkt, in welchem sich die zahlreichen, nach verschiedenen Richtungen gehenden Strebungslinien durchschneiden. Besteht aber eine solche Verschiedenheit mindestens bei sehr vielen Angelegenheiten, so ist es eine bare Selbsttäuschung, zu behaupten, Jeder werde und solle das allgemeine Interesse unmittelbar verfechten. Jeder kämpft für sein Interesse, beschränkt höchstens seine Anforderungen durch die Rücksichtsnahme auf die abweichenden Forderungen der Uebrigen, und das allgemeine Beste resultirt nur aus der Mehrheit und Aehnlichkeit der verschiedenen Strebungskräfte. Ist aber das Volk seiner Natur nach keine homogene Masse, so kann es nur angemessen sein, den Hauptrichtungen desselben ein gesetzliches Feld der abgesonderten Berathung und Entscheidung über die öffentlichen Angelegenheiten einzuräumen, und dies geschieht eben durch das Zweikammersystem. Man glaube nicht, dass die Vertretung der verschiedenen Volksinteressen, zumal in einem so grossen Staate wie Gesammtösterreich eben so gut in Einer Kammer geschehe.

Denn gewisse Interessen haben zwar durch ihren sozialen Einfluss die vollste Berechtigung, können aber wegen der verhältnissmässig geringen Anzahl ihrer Vertreter unter der Masse der Uebrigen nicht zur vollen Geltung gelangen. Hier thut es daher Noth, durch eine besondere Kammer jene tiefgreifenden, aber durch die geringe Kopfzahl der Berechtigten schwach gesicherten Interessen zu schützen; denn wo die Verfassung selbst nicht schützt, da wird man desto mehr zu Bestechung und Umtrieben seine Zuflucht nehmen. Das Zweikammersystem gewährt 2. eine eindringendere und reifere Berathung, weil eine Kammer die Kritik der andern zu scheuen hat. In einer einzigen Kammer kann ein leidenschaftlicher, hochbegabter Redner leicht die ganze Versammlung fortreissen; eine schwache oder künstliche Majorität kann durch das Wegbleiben einiger Mitglieder den Sieg erringen; überhaupt leistet eine mehrmalige Berathung in der nämlichen Kammer das nicht, was die Durchberathung von vorne her in einer anderen Versammlung leistet, worin die Antragsteller nicht sitzen, und daher auch der Einfluss der persönlichen Gereiztheit nicht so gross ist. Eine einzige Kammer hat allerdings mehr Schnellkraft zu Aenderungen, welche möglicher Weise Verbesserungen sind, während zwei Kammern mehr erhaltend als ändernd wirken, so dass grosse Umstaltungen schwer erfolgen, allein, was einmal durchgedrungen, geht nicht leicht wieder zurück. Wenn schon in einer gewöhnlichen Civilrechtssache ein zwei- und dreifacher Instanzenzug gestattet sein muss, damit das Recht wohl erwogen werde und der Spruch nicht bloss als das Diktat einer einzigen Persönlichkeit erscheine, wie viel mehr ist ein solcher Instanzenzug in Angelegenheiten nothwendig, welche Wohl und Wehe des ganzen Staates betreffen und viel leichter als Privatsachen der rücksichtslosen Leidenschaft verfallen. Das Zweikammersystem gewährt 3. mehr Sicherheit für die Krone, weil die Volksvertretung sich in sich selbst berichtiget und dadurch der Krone manches Veto erspart. Andererseits gewinnt auch die Volksver-

tretung an Ansehen und Gewicht, denn eine Einmüthigkeit
beider Kammern bedeutet in der Regel auch die Volksstimme.
Endlich geben uns auch die grössten Muster politischer Freiheit und Durchbildung England, Belgien, Norwegen und
Nordamerika das nachahmenswerthe Beispiel einer bewährten
Einrichtung, während das Einkammersystem der Franzosen
sich wiederholt um seinen Kredit gebracht hat. Die Einwendung, dass das Zweikammersystem die Geschäftsbehandlung verzögere, ist nicht entscheidend, denn es handelt sich
vor allen um eine gute und erst in zweiter Ordnung um eine
schnelle Beschlussfassung. Zudem hat jedes Mitglied der
einen Kammer während der Prüfung eines Gesetzes in der
anderen Zeit, sich darüber eine Meinung zu bilden, wodurch
dann bei der Vorlage desselben die Diskussionen abgekürzt
werden. — Die Verfassung muss ferner eine **vollständige
Durchführung des konstitutionellen Systems**
enthalten, wornach die Volksvertretung an allen grundsätzlichen Massnahmen der Staatsgewalt Antheil nimmt, wornach
die Autonomie der Gemeinden und Kronländer, die Gleichberechtigung der Nationalitäten in Bezug auf Unterrichtssprache in den Volks- und Mittelschulen, Geschäftssprache,
im Verkehre der Parteien mit den Behörden und Gerichten,
Aemterbesetzung u. s. w. ferner die Freiheit der Presse in
Bezug auf Mittheilungen von Thatsachen des öffentlichen
Lebens und die Diskussion politischer Meinungen, das Petitionsrecht so wie die Gleichberechtigung der verschiedenen
Religionsbekenntnisse ohne Rücksicht auf kirchliche Dogmen,
deren Berücksichtigung der gläubigen Gewissenhaftigkeit des
Einzelnen zu überlassen ist, möglichst gewahrt werden. Das
konstitutionelle System, man mag in die eigenthümlichen
Uebel und Täuschungen desselben eine noch so klare Einsicht haben, hat sich einmal im 19. Jahrhundert zu einer
europäischen Thatsache entwickelt, kein Staat kann den Einwirkungen einer so weitverbreiteten und so intensiv eingedrungenen politischen Anschauung widerstehen. Es ist nicht
**unwahrscheinlich, dass, wenn sich in Frankreich zwei Augen**

schliessen, der Volkszorn sich wieder brandend erhebt, oder
dass die napoleonische Partei, um den Thron zu behaupten,
oder die orleanistische Partei, um ihn wieder einzunehmen,
zu geschweigen der republikanischen Partei, die Fahne frei-
heitlicher Institutionen wieder aufpflanzt und damit eine elek-
trische Nachwirkung der freiheitlichen Regungen in anderen
Staaten hervorruft, wie dies 1789, 1830 und 1848 der Fall
war. Wie tief verderblich wäre es dann für Oesterreich,
wenn sich dasselbe unvorbereitet finden liesse. Die Freiheit
aber, zumal bei einer so lethargischen Bevölkerung, wie wir
sie in vielen Ländern Oesterreichs haben, lernt sich nicht so
schnell, das Volk will durch den Gebrauch der konstitutionellen Rechte politisch erzogen werden. Durch einen wahren
Konstitutionalismus wird man endlich die widerstrebenden
Separatisten am besten in das österreichische Lager herüber-
ziehen und die endlosen Beschuldigungen der Magyaren, dass
wir ein absolut devotes, des Parlamentarismus unkundiges,
grosser Staatsmänner bares Volk seien, praktisch widerlegen.
Das Mäkeln und tropfenweise Gewähren hat sich bereits
durch die bisherigen Misserfolge als unzureichend gezeigt.
Gerne verzichten wir im Uebrigen auf ein blos suspensives
Veto der Krone und gerne geben wir Grundrechte, die
nicht in ein praktisch handbares Spezialgesetz, sondern lediglich in abstrakte Schulsätze eingekleidet sind, den Winden
preis. Die Beeidigung des Militärs auf die Verfassung halten wir für überflüssig, weil der Soldat als
solcher nicht berufen ist, das Staatsrecht von Zöpfel und
Konsorten zu studiren, weil man von ihm um so weniger
verlangen kann, in den Windungen der Politik den richtigen
Ariadne-Faden zu finden, nachdem dies oft Politikern von
Fach sehr schwer fällt, und im konkreten Falle, wenn zum
Einhauen oder Schiessen kommandirt wird, oft der scharf-
sinnigste Kasuist nicht gleich darüber Auskunft zu geben
vermöchte, ob dies für oder gegen das Gesetz, für oder
gegen das Heil der öffentlichen Ordnung, der Konstitution
und des Staatswohles geschehe. Der Soldat ist und bleibt

ein Werkzeug der Staatsgewalt, man lasse sein Gewissen ungetheilt, man mache aus ihm kein politisches Amphibium. Freilich erscheinen dann andererseits Militärgerichte über Civilisten oder gar über einen Minister-Präsidenten (Ludwig Bathyanyi); eine Anomalie, die gegen das Abc einer verständigen Justiz verstosst, und jedem ehrlichen Manne das Herz zusammenschnürt. — Die Minister-Verantwortlichkeit ist endlich nur eine nothwendige Konsequenz des konstitutionellen Systemes. In der politischen Praxis gibt allerdings meist die sogenannte parlamentarische Verantwortlichkeit, wornach der Minister auf Interpellationen Rede zu stehen und Auskunft zu geben hat, und die Erzwingung eines Minister-Wechsels durch die Macht der öffentlichen Meinung den Ausschlag. Die strafrechtliche Verfolgung von Ministern gehört zu den politischen Seltenheiten und ist auch selbst vom Standpunkte der Theorie kaum wünschenswerth, weil politische Verirrung und politisches Verbrechen in so hoher Stellung und im Gedränge der mächtigsten Impulse sich oft schwer unterscheiden lassen. Trotzdem jedoch muss der Grundsatz der Verantwortlichkeit durch ein Gesetz, welches die subjektive Kompetenz eines sogenannten Staatsgerichtshofes, die materiellen Strafbestimmungen für Hochverrath, Staatsverrath, Verfassungs-Verletzungen und Amtsmissbrauch der Minister, die Organisirung des Staatsgerichtshofes in Bezug auf Anzahl, Beschaffenheit und Garantie der Richter und das Verfahren desselben ausführlich bestimmt, verfassungsmässig festgestellt werden. Ueber die Details dieser Institution kann man sehr verschiedener Meinung sein, daher wir uns auch einer näheren Andeutung enthalten. Schliesslich nur die Bemerkung, dass der unmittelbare Bestand eines solchen Gesetzes, weit entfernt die Kraft des Ministeriums zu schwächen, volksthümlichen Ministern gegenüber den geheimen Parteien, welche den Thron für ihre Zwecke missbrauchen und in verderbliche Bahnen fortdrängen möchten, Kraft und Rückhalt verleiht.

Zu den Elementen, welche einer Diskussion unterliegen

und in dieser oder jener Weise gestaltet werden könnten, weil es bezüglich derselben keine alleinseligmachende Formel gibt, zählen wir insbesonders: 1. die spezielle Grenzlinie zwischen Reichs-, Ländervereins- und Kronlands-Angelegenheiten, 2. die Art der Zusammensetzung des Ober- und Unterhauses, 3. die Bildung der Kronlands-Vertretungen und 4. die Wahlperiode und Einberufung des Reichstages im Falle der Auflösung.

Als Reichsangelegenheiten dürften zu erklären sein: *a)* alle das regierende Kaiserhaus und die Rechte der Krone betreffenden Angelegenheiten. Es erscheint wünschenswerth, die wesentlichen Bestimmungen der pragmatischen Sanktion und der Hausgesetze in die Verfassungs-Urkunde aufzunehmen. Der Thron erscheint als die Sonne des Staates, sonnenklar sollen auch seine Rechte in Aller Augen leuchten. *b)* Die völkerrechtliche Vertretung des Reiches und aller seiner Interessen, insbesonders der Abschluss von Verträgen mit fremden Staaten. *c)* Die Beziehungen des Staates zur Kirche, so weit sie für das ganze Reich geregelt werden sollen. *d)* Das gesammte Heerwesen zu Land und die Seemacht, so weit es sich um die Militärpflichtigkeit und prinzipielle Feststellungen im Heeres-Organismus handelt. *e)* Der Reichshaushalt, insbesondere die Voranschläge des Reichshaushaltes, die Prüfung der diessfälligen Rechnungsabschlüsse, die Aufnahme neuer Anleihen, die Konvertirung bestehender Staatsschulden, die Veräusserung, Umwandlung, Belastung des unbeweglichen Staatsvermögens, so wie alle Steuern, Abgaben, Gefälle und Monopole zu Reichszwecken. *f)* Alle Angelegenheiten, welche die Regelung des Geld-, Credits-, Münz- und Zettelbankwesens, die Zölle und Handelssachen, die Grundsätze des Post-, Eisenbahn-, Telegrafen-, Reichsstrassen-, und Schiffahrtswesens betreffen. *g)* Die Gesetzgebung in Bezug auf das Handels- und Wechselrecht, dann mindestens die materielle Strafgesetzgebung über Verbrechen, endlich die gesetzliche Regelung der Presse. *h)* Die grundsätzlichen Bestimmungen bezüglich des **Passwesens.** Zu den **Ländervereins-Angelegenheiten** hätten zu gehören: *a)* Die Normirung des Civilrechtes, des Bergrechtes, des civilgerichtlichen Verfahrens, des Strafrechtes über Vergehen und Uebertretungen, der Strafprozessordnung, des Gefängnisswesens. *b)* Die grundsätzliche Regelung des Gemeindewesens. *c)* Das Unterrichtswesen der Mittel-, der höheren- und Fach-Schulen. *d)* Alle die Wahrung der inneren Sicherheit betreffenden Einrichtungen und Massregeln mit Einschluss des Sanitäts- und des Armenwesens. *e)* Die Regelung von Mass und Gewicht. *f)* Alle Angelegenheiten, welche nicht ausdrücklich dem Reiche oder den Kronländern zugewiesen sind. Als Landes-Angelegenheiten wären zu erklären: *a)* Alle Anordnungen über Landeskultur (Strassenwesen, Grundzerstückung, Jagdgesetze, Wald- und Flurordnung u. s. w.) über öffentliche Bauten aus Landesmitteln, über Wohlthätigkeits-Anstalten und über den Finanzhaushalt des Kronlandes. *b)* Die näheren Anordnungen über Gemeinde-Angelegenheiten, über Kirchen- und Volksschul-Angelegenheiten, über Vorspannsleistung, Verpflegung und Einquartierung des Heeres. *c)* Die Anordnungen über sonstige, die Wohlfahrt oder das Beste des Landes betreffende Gegenstände. Viele treten für eine einheitliche Gestaltung des Justizwesens in allen Theilen des Kaiserstaates in die Schranken. Es steht wohl ausser Frage, dass eine solche Gleichförmigkeit im Allgemeinen wünschenswerth wäre, wünschenswerth wie so vieles Andere, was sein sollte und nicht ist. Allein man bedenke auch, dass die Justiz weniger in das grosse Staatsleben als in das bürgerliche Leben eingreift, dass die Justiz sich den Kulturstufen der verschiedenen Völker, die in Oesterreich einmal auf sehr verschiedenen Stufen stehen, anschmiegen muss, dass es von grossem Vortheile ist, gleichzeitig neben einander verschiedene Institute, z. B. Schwurgerichte und ausschliessliche Aburtheilung durch rechtsgelehrte Richter, nebensächliche Verschiedenheiten in Bezug auf das gerichtliche Verfahren, Behandlung des Erbschaftswesens im Wege einer durchgängigen gerichtlichen Prüfung und Einantwortung und Abthuung desselben ohne eine auf alle Fälle ausgedehnte gerichtliche Intervention zu erproben, und dass im Verlaufe der Zeit eine Gleichförmigkeit der Justizgesetze bei fortgesetzter Aufmerksamkeit der Regierung auf diesen Punkt ohne besondere Schwierigkeit zu erreichen sein wird. Was liegt im grossen Ganzen daran, wenn der Oesterreicher 3, der Ungar 5 Testamentzeugen braucht, wenn in Oesterreich die gesetzliche Erbportion der Witwe bei dem Miterben von Kindern auf den vierten oder einen geringeren Theil, in Ungarn aber weiter ausgedehnt ist, wenn wir unser Hypothekar-Institut hoch in Ehren halten, während Italien meint, unsere Grundbücher entbehren zu können? Eine Gleichförmigkeit scheint jedoch vor allen im materiellen Strafrechte über Verbrechen, und zwar insbesondere in den Bestimmungen über Hochverrath, Landesverrath, Aufstand, Aufruhr, Majestätsbeleidigung, Störung der öffentlichen Ruhe, Münz- und Kreditpapier-Verfälschung unerlässlich zu sein, wenn aus der Verschiedenheit nicht die offenbarsten Kollisionen entstehen sollen. An dem ungarischen Rechte und Prozessverfahren lassen sich manche Gebrechen aussetzen, allein das österreichische Justizverfahren dürfte deren kaum weniger zählen. Es wurde uns im Abgeordneten-Hause die **wahrhaft trostlose Eröffnung** gemacht, dass wir unter der Herrschaft der bisherigen Gesetze noch einige Jahre zu leiden haben werden, eine Eröffnung, die wir um so unbegreiflicher finden, als das Justiz-Ministerium ja seit Jahren seine Kräfte daran wendet, unsere Gesetze umzugestalten und in dieser Beziehung ein massenhaftes Material aufgehäuft hat. Wie viel schwieriger, langsamer und vielleicht systemloser würde das Reformwerk nun ausfallen, wenn hiebei die Bedürfnisse der ganzen Monarchie, die sich so oft widerstreiten, berücksichtiget werden sollten. Jedermann sieht ein, dass die Finanzkalamität nicht von einer Sonnenwende zur anderen gehoben werden kann, allein warum wir in der Justiz solche Geduldproben zu bestehen haben sollen, ist bei einer einsichtigen Redaktion schwerer zu fassen. Vielleicht wird Ungarn **mit seiner neuen Kodifikation noch früher fertig als unser**

bis über die Massen bedächtiges Altösterreich, welches sich
verjüngen will und nicht weiss, wie es die Sache anpacken
soll. — Belangend die Zusammensetzung der Reichsvertretung, so wäre das Unterhaus nach zwei Rücksich-
ten zusammenzusetzen: 1. mittelst direkter Wahl von Seite
grosser, etwa mit den Kreisen oder Komitaten der einzelnen
Länder zusammenfallender Wahlbezirke auf Grundlage eines
Census für die aktive Wahlfähigkeit von etwa 20 bis 40 fl.
direkte Steuer, und 2. mittelst Wahlen aus der Mitte der
einzelnen Landtage, jedoch ohne weitere Unterscheidung von
Wählergruppen. Auf diese Weise würde der Einheit des
Reiches, der Verschiedenheit der nationalen Bevölkerungs-
gruppen in den einzelnen Ländern sowie der Eigenthümlichkeit der einzelnen Länder als Gesammtheit Rechnung getragen. Die Abgeordneten der Landtage bildeten die Vermittler
zwischen Land und Reich, andererseits aber würde die Reichsvertretung nicht eine blosse Schleppträgerin der Landtage
sein. Wenn sich die mittelbare Wahl (Wähler, Wahlmänner,
Abgeordnete) vielleicht bei dem Wahlen der Landesvertreter
nicht ganz beseitigen lässt, so dürfte doch bei der Reichsvertretung die direkte Wahl den Vorzug verdienen. Dieser Modus vereinfacht den Wahlakt, beruft diejenigen zur Wahl,
welche muthmasslich eine grössere Einsicht und ein lebendi-
geres Interesse an Reichsangelegenheiten haben, verleben-
digt die Beziehungen zwischen dem Abgeordneten und seinen unmittelbaren Wählern und neutralisirt oder durch-
bricht den Einfluss allzu separatistischer Landtagshäupter.
Eine selbstverständliche Konsequenz direkter Wahlen ist
übrigens ein höheres Ausmass des Census. Das Oberhaus
soll gleichfalls eine wahre Volksvertretung nur in einer anderen Beziehung sein. Dasselbe möge bestehen 1. aus den
grossjährigen Prinzen des Kaiserhauses, 2. aus einer beschränkten Anzahl von Mitgliedern, etwa 30—50, welche der
Monarch in Anerkennung ihrer hervorragenden Verdienste
aus den verschiedenen Berufskreisen zu berufen hätte, 3. aus
150 Abgeordneten, welche ähnlich den Mitgliedern des bel-

gischen Senates von den Grossbesitzern der einzelnen Kronländer, die ohne weitere Rücksicht einen gewissen Betrag an direkter Steuer, etwa 1000 bis 2000 fl. zahlen, zu wählen wären. Wir vertheidigen keine Kammer der Geburt, denn das konservative Princip scheint uns auch bei der Wahl auf Grundlage eines hohen Census gewahrt, keine ausschliesslich auf grossen Grundbesitz basirte Kammer, denn je mehr die Kultur vorrückt, desto mehr erheben Industrie und Handel ihr intelligentes Haupt und bestimmen die Grundlage der Gesellschaft, keine reine Pairskammer, deren Mitglieder der Monarch ernennt, denn einer solchen Vertretung fehlt von vorne der Glaube an ihre Unabhängigkeit, und ein sogenannter Pairsschub, durch Zeitverhältnisse veranlasst, ist sehr geeignet dem Ansehen einer solchen Notablen-Versammlung grossen Abbruch zu thun. Ein Oberhaus nach unserem Vorschlage würde ohne Zweifel viele Mitglieder des hohen begüterten Adels zählen, aber doch keine Kaste präsentiren, weil dessen Mitglieder von einem ansehnlichen Theile der Gesammtbevölkerung erwählt würden; es würde sich stets aus der Mitte des Volkes durch neue Mitglieder erfrischen, den Ehrgeiz der Besitzenden zur Erwerbung staatsmännischer Bildung wecken und durch eine minder einseitige Zusammensetzung mehr die wirklichen Anschauungen in den Kreisen des Volkes spiegeln. Geht man endlich von der Ansicht aus, dass die Kirche eine Gemeinschaft von Gläubigen, von stillen Frommen und nicht ein Staat im Staate, eine weltliche Priesterherrschaft ist, so dürfte sich die Berufung hoher kirchlicher Würdenträger von Amtswegen in die Arena der polischen Kämpfe kaum vertheidigen lassen. Kirchenmänner, welche das Vertrauen der Wahlbezirke geniessen, werden auch ohne eine, heut zu Tage durch nichts zu rechtfertigende Bevorzugung ihres Standes in die Volkvertretung gewählt werden. — **Die Bildung der Kronlands-Vertretungen** dürfte in der durch die gegenwärtigen Landesverfassungen normirten Weise im Allgemeinen vollkommen entsprechen. Einzelne Aenderungen fallen in das Bereich der verfassungsmässigen Fortbildung. Eine besondere Erwähnung verdienen jedoch Siebenbürgen, Kroatien und die Militärgrenze. Siebenbürgen stand mit Ungarn zwar in einer nahen historischen Verbindung, indem dessen Grossfürsten seit dem 16. Jahrhundert häufig die Leiter der ungarischen Erhebung gegen die Massnahmen der Wiener Regierung in Ungarn waren; die Verfassung beider Länder hat einzelne verwandte Züge, und die durch Besitz und soziale Stellung einen überwiegenden Einfluss übenden Magyaren und Szekler Siebenbürgens mögen sich vielfach zu Ungarn hingezogen fühlen: allein eben so gewiss ist wieder, dass Siebenbürgen durch die Theilung seiner Bevölkerung in Magyaren, Szekler, Sachsen und Romänen sich in einer eigenthümlichen Lage befindet, dass es seine Angelegenheiten stets selbstständig ordnete, durch Civilgouverneure geleitet, wurde und, die paar Monate der im Jahre 1848 durch Terrorismus erzwungenen und ohne Mitwirkung der Romänen zu Stande gekommenen Union mit Ungarn ausgenommen, in keinem staatsrechtlichen Zusammenhange mit dem letzteren stand. Maria Theresia erklärte zwar 1764 für sich und ihre Nachfolger Siebenbürgen als Anhang der Krone Ungarns, allein diese und spätere Erklärungen sind nie wirkliche Thatsachen oder lebendige Geschichte geworden. Man überlasse es daher dem siebenbürgischen Landtage, ob er sich Ungarn als ein Mitglied des ungarischen Ländervereines oder den deutsch-slavischen Provinzen als ein Mitglied des österreichischen Ländervereines anschliessen wolle. Die Theilnahme des Landes an der Reichsvertretung der Gesammtmonarchie steht ohnehin ausser Frage, wenn Oesterreich konstitutionell werden und bleiben soll. Der Anschluss Siebenbürgens an den einen oder anderen Länderverein scheint uns keineswegs so überaus wichtig zu sein, um darin eine Art Lebensfrage für Oesterreich zu erblicken. In dem einen wie in dem anderen Falle gibt es Schwierigkeiten zu überwinden, indem Siebenbürgen auch Elemente besitzt, durch welche es sich von der westlichen Hälfte der Monarchie wesentlich unterscheidet. Kroatien wurde an Ungarn im 12. Jahrhundert nicht durch

Vertrag sondern durch Eroberung gebunden, allein das Band dieser aufgezwungenen und bald sehr engen staatsrechtlichen Verbindung wurde später freiwillig anerkannt und ist eine durch viele Jahrhunderte fortlaufende Thatsache. Kroatien hatte seinen eigenen Provinziallandtag, manche Eigenthümlichkeiten der Verwaltung und einen besonderen Statthalter, in der Person des Banus; es beschickte beide Tafeln des ungarischen Landtages, und der Ban war nach dem Palatin und Judex-Curiä der dritte Mann im Königreiche. Schon seit mehreren Jahrzehnten herrschte jedoch zwischen beiden Ländern ob des Sprachenzwanges eine Spannung, welche im Jahre 1848 durch die Gefühlspolitik Jelacic, die Uebergriffe des Kossut'schen Regiments, die Aufmunterung der Wiener Regierung und eine Verkettung von Ereignissen, in deren Detail wir nicht eingehen wollen, in einen blutigen Bürgerkrieg umschlug. — Nach Bewältigung der grossen Staatskrisis wurde Kroatien auf deutschem Fusse eingerichtet. Man mag nun noch so Vieles und Gegründetes zum Preise der österreichischen Administration in dem letzten Dezennium vorbringen, so bleibt es doch eine unstreitbare Thatsache, dass die Bevölkerung dieser Länder nicht im Stande war, sich dafür zu begeistern, dass dieselbe eine ihrer Nationalität mehr angepasste Verwaltungsweise vorzieht, und dass der Wunsch einer provinziellen Autonomie, von den übrigen Ueberschwenglichkeiten der kroatischen Forderungen abgesehen, in der That ohne Benachtheiligung des Ganzen erfüllt werden kann. Selbstverständlich jedoch kann diese Autonomie nicht die Grenzlinie der den übrigen Kronländern gewährten Autonomie überschreiten, wenn der Kaiser von Oesterreich nicht die Deutschen, die Böhmen, die Polen u. s. w. in gleicher Weise regaliren, mit einem ganzen Korps von Ministern regiren und den Bund Pfeile, den er in Händen hält, zum Ergötzen des Auslandes umher streuen soll, damit aus dieser Saat Schwäche, Zerfall und türkische Zustände aufblühen. Was die Vereinigung Dalmatiens mit dem genannten Slavenlande betrifft, so kann diese höchstens als ein mo-

derner Wunsch, aber nimmer als ein historisch begründetes
Verhältniss und Recht Kroatiens anerkannt werden. Denn die
Verbindung beider Länder zu einem selbstständigen Ganzen
gehört als ein längst verblichenes Faktum lediglich in die
mehr sagenhafte als geschichtliche Zeit des 11. Jahrhunderts;
und wurde in den folgenden Jahrhunderten, wo Dalmatien
an Venedig kam, und nur vorübergehend und theilweise zu
wiederholten Malen von den Ungarn im 12., 13. und 14.
Jahrhundert erobert wurde, nicht weiter fortgesetzt. Dalmatien erhielt unter venetianischer und österreichischer Herrschaft
eine ganz abweichende Einrichtung und scheint dermalen gar
keinen Wunsch zu hegen, sich mit Kroatien und Slavonien zu
einer Trias zu vereinigen. Man treibe mit der Berufung auf
die Geschichte in dieser Angelegenheit keinen Missbrauch.
Historisch im politischen Sinne ist nicht das, was einmal war,
sondern das, was sich durch Jahrhunderte oder überhaupt
einen längeren Zeitraum bis zur Gegenwart als eine wirkliche
lebendige Thatsache hinzieht. Verhältnisse des 11. Jahrhunderts lassen sich daher nicht mit einem saltus mortale über
nahe ein Jahrtausend zur Basis von Prätensionen des Tages
erheben. Das heisst phantasiren aber nicht politisiren. Anders
dagegen verhält es sich mit der Militärgrenze. Der eigent-
liche Zweck dieses Institutes besteht nicht mehr in seiner
früheren Nothwendigkeit, nachdem die Türkei matt und siech
geworden. Es ist eine Verletzung der Gleichheit vor dem
Gesetze, der Bevölkerung jener Grenzlande einen Militär-
und Blutzehent von so unverhältnissmässiger Grösse im Ver-
gleiche zu den übrigen Provinzen aufzubürden. Die gegenwärtige Verwaltung des Landes, auf Feudalwesen und Säbel-
herrschaft beruhend, mag in manchen Beziehungen entschiedene Vortheile bringen, allein sie ist doch gewiss der Moral
des Familienlebens, sowie einer regeren und freieren Kultur-
Entwicklung nicht förderlich. Das Institut der Militärgrenze
dürfte daher nahezu aufzuheben und die Bevölkerung derselben zu dem Genusse der staatsbürgerlichen und politischen
Rechte Kroatiens, Ungarns und Siebenbürgens, je nach der

geographischen Lage der einzelnen Landstriche, zuzulassen sein. — Sollten Siebenbürgen und Kroatien eine nähere Verbindung mit Ungarn eingehen wollen, so hätte die Vertretung des ungarischen Ländervereins gleich jener des deutsch-slavischen Ländervereins aus den von den betreffenden Ländern für den Reichstag gewählten Mitgliedern zu bestehen. Sollten die genannten Länder dagegen den Anschluss ablehnen, und dem deutsch-slavischen Ländervereine beitreten, so wäre dem ungarischen Landtage die Kompetenz für die Angelegenheiten, welche wir als Ländervereins-Angelegenheiten bezeichnet haben, einzuräumen. Das Wahlgesetz des ungarischen Landtages vom Jahre 1848 wäre verfassungsmässig einer Aenderung zu unterziehen, weil dasselbe dem Demos, der seine Stimmen für Wein und Geld verkauft und seine politischen Anschauungen mittelst Prügelei und Todtschlag geltend macht, beim Wahlakte allzu breite Schleussen öffnet. Wir sind weit entfernt, in den beliebten Chorus der Schmeichelei gegen die Magyaren, der auch diesseits der Leitha zuweilen ertönt und von Anerkennung der Gesetzestreue, der politischen Durchbildung und Edelmüthigkeit der grossen Nation überströmt, einzustimmen, — wir halten uns überhaupt nicht zum Volksschmeichler berufen, — allein wir müssen zugeben, dass die Magyaren ein originelles, tüchtiges, geographisch-konzentrirtes Kernvolk sind, dass die Magyarisirung Ungarns im laufenden Jahrhunderte grosse Fortschritte gemacht hat, dass ein magyarisches Ungarnreich an sich zu schwach ist, im grossen Zusammenpralle des Slavismus und Germanismus, der sich auf dem Terrain der österreichischen Länder noch ergeben kann, allein zu stehen und dass wir daher an den Magyaren sowie sie an uns einen tüchtigen Helfer brauchen, um Oesterreich zu erhalten. Darum Gewährung der magyarischen Nationalität, so weit dies die höhere Einheit des Reiches praktisch nur immer gestattet. Allein von der anderen Seite mögen die slavischen Völkerschaften erwägen, ob ihnen die Schreckensherrschaft der Magyaren 1848 und 1849 wohl bekam, ob die Magyaren ihre Ansprüche, wenn sie im Bunde mit den Slaven den österreichischen Bureaukratismus einmal abgeworfen haben, nicht wieder allzu schroff durchführen und steigern werden, und ob, wenn schon einmal ein Joch getragen werden muss, — der Reichstag kann doch nicht polyglotte Debatten führen, das Ministerium kann sich doch nicht immer aus allen Racen rekrutiren, der Feldherr kann seine Schlachtbefehle doch nicht in einem Dutzend Sprachen ertheilen, in den Bureaus der Centralstellen kann doch nicht durchgängig in allen Sprachen referirt werden, — das deutsche Joch am Ende nicht doch erträglicher sei als das magyarische. Die magyarische Nation zählt etwa fünf, die deutsche über vierzig Millionen; die erstere hört an den Grenzen Ungarns auf, die andere hat grosse Kontingente auf dem ganzen Erdball zerstreut; die erstere ist etwas schroff und hochmüthig, die letztere darf den Kosmopolitismus und die Anschmiegung an andere Nationalitäten zu ihren hervorstechendsten Eigenthümlichkeiten zählen; die deutsche Nation steht endlich rücksichtlich des Kulturgrades um einige Stufen höher und sollte durch dieses welthistorische Uebergewicht und die bisherige, in Schule, Verwaltung und Geschäftsverkehr geübte und sohin gewöhnte Präponderanz viel weniger Eifersucht und Widerstand erregen als die magyarische Schwester. — Die Wahlperiode der Reichsvertretung dürfte etwa auf 4, jene der Kronlands-Vertretungen auf 6 Jahre zu bestimmen sein, um eine zu grosse Unterbrechung der Stättigkeit und Uebereinstimmung zu vermeiden. Im Falle der Auflösung einer Vertretung wäre dieselbe längstens binnen 6 Monaten, im Falle der Vertagung längstens binnen 3 Monaten wieder einzuberufen. Dieser Zeitraum scheint lang genug zu sein, um eventuel die erhitzten Gemüther abzukühlen und für eine besonnene Auffassung der Dinge empfänglich zu machen. Die Vertretungen hätten ihre Präsidenten und Vicepräsidenten vorbehaltlich der kaiserlichen Bestättigung selbst zu wählen. Diese flüchtigen Lineamente dürften genügen, um die Hauptgrundsätze anzudeuten, nach welchen die Reichsverfassung Oesterreichs auf- und beziehungsweise ausgebaut werden soll, um den mannigfachen Anforderungen, die an die Verfassung unserer Zukunft gestellt werden können, möglichst zu entsprechen. Es frägt sich jetzt nur um den Weg, wie zu diesem Ziele zu gelangen wäre.

## V.
## In welcher Weise soll die Reichsverfassung für Oesterreich zur praktischen Geltung gebracht werden?

1. Wir wollen vorerst auch hier die einzelnen logischen Möglichkeiten der Verfahrungsweise erwägen.

*a)* Der Kaiser beruft den ungarischen, siebenbürgischen und kroatischen Landtag ein und fordert die letzten beiden Landtäge, wenn sich diese für den näheren Anschluss an Ungarn erklärt haben, zur Beschickung des ungarischen Landtages auf. Sodann richtet er an den verstärkten ungarischen Landtag, oder im Falle Siebenbürgen und Kroatien die nähere Verbindung mit Ungarn ablehnen, an den einfachen ungarischen Landtag die Aufforderung, jene Verfassungs-Bestimmungen auszuarbeiten, welche dem Landtage geeignet scheinen, die nothwendige Verbindung mit der anderen Hälfte der Monarchie herzustellen. Kommt der Landtag dieser Aufforderung binnen einer bestimmten Frist nicht nach, — Auflösung desselben und Einberufung eines neuen. Kommt er derselben nach, Verhandlung mit ihm über allfällige Aenderungen, Vorlage des Entwurfes an den österreichischen engeren Reichsrath, weitere Verhandlung mit dem ungarischen Landtage über allfällige Aenderungen, eventuell Verhandlung in einer vom engeren Reichsrathe und dem ungarischen Landtage zu wählenden gemeinschaftlichen Kommission, und endlich, wenn es der Himmel will, Vereinbarung einer Reichsverfassung mit beiden Vertretungen.

*b)* Der Kaiser legt dem verstärkten, oder wenn Siebenbürgen und Kroatien den Anschluss ablehnen, dem einfachen ungarischen Landtage einen vom Ministerium ausgearbeiteten

Entwurf einer neuen Reichsverfassung vor und es beginnt die obige Procedur bis zur Vereinbarung.

*c)* Der Kaiser beruft die genannten Landtage ein und fordert dieselben auf Grundlage des Verfassungs-Patentes vom 26. Februar 1861 zur Beschickung des Reichsrathes in Wien auf. Kommen die Landtage der Aufforderung nicht nach, Auflösung derselben, Ausschreibung direkter Wahlen im Sinne des Februar-Patentes und Erklärung des Reichsrathes in Wien, derselbe möge nun von vielen oder wenigen Abgeordneten der östlichen Hälfte der Monarchie besucht werden, als allgemeiner Reichsrath. Dieser allgemeine Reichsrath hätte dann die dringlichsten Angelegenheiten zu erledigen und die unerlässliche Vervollkommnung der Februar-Verfassung mit der Krone zu vereinbaren.

*d)* Der Kaiser beruft die genannten Landtage ein, erklärt sich über Antrag derselben von vorne herein zu gewissen Modifikationen des Februar-Patentes im Sinne einer freiheitlichen Ausbildung desselben bereit, erlässt hierüber, unbeschadet der grundwesentlichen Bestimmungen des Februar-Patentes, ein Nachtrags-Patent und bewegt die Landtage zur Beschickung des Reichsrathes, der sodann den verfassungsmässigen Neubau Oesterreichs mit dem Kaiser vereinbart.

2. Der Modus der Vereinbarung ist zweifellos derjenige, der den Anforderungen des Rechtes am besten entspricht. Wenn schon der Entwurf eines gewöhnlichen, nur einen Theil der bürgerlichen oder öffentlichen Verhältnisse normirenden Gesetzes eine schwierige Arbeit ist, welche einer vielfachen Prüfung und Diskussion bedarf, um entsprechend abgefasst zu werden: wie viel mehr ist dies bei einer Verfassung und wie viel noch mehr bei einer Verfassung für Oesterreich der Fall, welche das grosse, bunte Staatswesen in eine neue Form giessen soll. Wenn die Verfassung überhaupt eine vertragsmässige Ordnung der Staatsverhältnisse zwischen Fürst und Volksvertretung bilden soll, und dieser Rechtscharakter liegt doch im Wesen jeder Repräsentativ-Verfassung zum Unterschiede von einem autokratischen Reglement, so muss

es auch jedem Theile freistehen, über das Koncept der Vertrags-Urkunde zu diskutiren, Einwendungen zu erheben, Aenderungen zu beantragen und endlich eine Vereinbarung einzugehen. Eine sogenannte oktroirte Charte, worüber von vorne herein jede Diskussion abgeschnitten, und welche nur zur einfachen Annahme vorgelegt wird, kann allerdings auch rechtliche Giltigkeit erlangen, soferne sie vom Volke unzweideutig angenommen wird; allein vom Standpunkte der Volkswürde und der Utilität erscheint es kaum räthlich, den Entwurf einer solchen Urkunde einseitig zu unternehmen. Ziehen wir endlich das Verfassungs-Patent vom 26. Februar 1861 in Betracht, so erscheint dasselbe allerdings als ein Fortschritt gegen die höchst nebelhaften Umrisse des Diploms vom 20. Oktober 1860, allein den Erfordernissen eines Grundgesetzes der österreichischen Verfassung ist dasselbe weder mit Rücksicht auf die Vollständigkeit, noch mit Rücksicht auf die Zweckmässigkeit der einzelnen Bestimmungen gerecht geworden. Man vereinbare daher eine neue und bessere Verfassung! — Diese Theorie verdient an sich gewiss volle Würdigung, allein praktisch ausführbar scheint uns dieselbe nur unter einer Bedingung zu sein, wenn nämlich Jemand da ist, der sich wirklich vereinbaren will. Wenn aber dasjenige Organ, mit dem etwas vereinbart werden soll, selbst erst konstituirt werden muss, oder wenn eine Vereinbarung gar nicht in der Absicht des einen Theils liegt, wenn eine solche Vereinbarungsstudie nur als Manöver zur Festhaltung eines unduldbaren Separatismus missbraucht werden würde, dann geht die schöne Theorie in Brüche. Wir vermuthen nun im hohen Grade, dass dies mit dem ungarischen Landtage der Fall wäre. Möglich, dass der neu einzuberufende Landtag mehr in die Zukunft als in die Vergangenheit blickt und seine kostbare Zeit mit der nutzlosen Deklamation über die Sünden des gefallenen Systemes, die sich nun einmal nicht ungeschehen machen lassen, weniger vergeudet, allein, wenn die Zeichen nicht trügen, so scheint die Stimmung in Ungarn noch lange nicht auf jenem Standpunkte angelangt zu sein, wo ein ehrlicher Wille der Verständigung über ein mit einer gemeinsamen Reichsvertretung zu konstituirendes Oesterreich vorausgesetzt werden dürfte. Wäre es aber unter diesen Verhältnissen nicht gewagt, die konkrete, auf jeden Fall als Ausgangspunkt praktisch brauchbare und von der westlichen Hälfte der Monarchie mit grosser Bereitwilligkeit anerkannte Basis des Februar-Patentes gänzlich zu verlassen, das ganze Konstitutionswerk auf unbestimmte Zeit zu suspendiren und das ideale Verfassungsschiff in das Fahrwasser ungarischer Dialektik hinein zu steuern, welche wir aus der Rede Deák's, der Haltung der ungarishen Presse und aus der Broschüre des Grafen Koloman Mailath zu Genüge kennen. Der Herr Graf hat es nämlich unternommen, die gewiss gutgemeinte erste Broschüre Schuselka's über die angebliche Personal-Union Ungarns und Oesterreichs zu beantworten. Was sagt das Mitglied des ungarischen Oberhauses? Der hochgeborne Vertreter des Landes sagt, „dass das System der Personal-Union von Ungarn nie freiwillig aufgegeben werden würde," „dass Wiens Wichtigkeit der Vergangenheit angehöre," „dass Wien seiner natürlichen Lage nach (an der Donaustelle, wo alle Strassenzüge und Weltbahnen konzentrisch zusammenlaufen) weder ein Handelsplatz, noch für irgend eines der Länder von Wichtigkeit sei," dass der Kaiser, wenn er staatsklug sein wolle, sein Domizil in Pest aufschlagen, die Dinge lediglich aus der magyarischen Vogelperspective ansehen, und sich von dort aus an das Regieren der verschiedenen Provinzen Oesterreichs machen müsse, dass Ungarn zu den österreichischen Ministern nicht das geringste Vertrauen haben könne, dass der Wiener Reichsrath eine Verfassungs-Künstelei, eine Falle des parlamentarischen Absolutismus sei, wovon die Minister in ihrem Innern selbst überzeugt sein müssten. Wir fordern die ganze Welt zum Zeugen auf, ob bei einer solchen Divergenz der Ansichten eine Vereinbarung möglich sei. — Angenommen ferner, der ungarische Landtag ginge nicht so weit, als Herr Graf Koloman Mailath und machte sich an die Ausarbeitung eines Verfassungs-Entwurfes, der zwar nicht in Pausch und Bogen angenommen, aber auf dessen Grundlage weiter verhandelt werden könnte, liesse sich wohl mit einiger Sicherheit erwarten, dass auf diesem Wege eine Vereinbarung zu Stande käme? Dürfte nicht, wenn das Werk endgiltig angenommen werden sollte, die ganze Sisiphus-Arbeit umsonst sein? Wir besorgten ein solches Resultat im hohen Grade, denn der Ungar blickt nicht weiter als bis zur Leitha, er hat kein Herz und kein Verständniss für das politische Ding vom Pass Finstermünz bis zum rothen Thurm-Pass. — Gesetzt endlich, die Magyaren wären weit besser als ihr politischer Ruf in Sachen einer Verständigung mit Oesterreich, wie viel Zeit würde das gute Werk wohl brauchen? Sind aber, abgesehen von allen anderen politischen Ueberzeugungen und Wünschen, nicht die materiellen Bedürfnisse so gebieterischer Natur, dass das konstitutionelle System baldigst inaugurirt werden muss, wenn Oesterreich nicht noch tiefer sinken soll? Lässt sich die Regelung der Valutafrage und unseres ganzen Staatsschulden-Systemes gemächlich noch recht lange aufschieben, oder soll die Frage autokratisch ohne Reichstag gelöst werden? Die Donner von Solferino haben die Wendung des Systemes allein nicht entschieden. Diese Schlacht hätte durch Ungeschick und Missgeschick auch unter einem weisen und volksthümlichen Ministerium verloren gehen können. Die politische Unzufriedenheit im engeren Sinne, die sich vorzugsweise in den Kreisen der Gebildeten regt, hat wohl auch nicht den Ausschlag gegeben, denn derlei Regungen herrschen mehr oder minder in allen Staaten und unter allen Formen. Allein die Trostlosigkeit unserer finanziellen Zustände, das ist der mächtige Agitator, der schliesslich zum Nachgeben zwang, und der, will es Gott, Oesterreich eben so gut noch zur politischen Freiheit verhelfen wird, wie der Druck der materiellen Interessen dies in anderen Staaten gethan hat. Diese materiellen Interessen aber, sind sie von der Art, dass wir noch geraume Zeit haben, in aller Geduld zu warten, bis die Magyaren uns mit ihrer konstitutionellen Visite in Wien beehren? Herr von Plener möge antworten.

Die politische Schwierigkeit, fast möchten wir sagen, die politische Unausführbarkeit des Vereinbarungs-Modus würde kaum vermindert, wenn sich das Ministerium herbeiliesse, in Gemässheit des oberwähnten zweiten Modus eine neue Verfassung auszuarbeiten und mit dem ungarischen Landtage zu vereinbaren. Die Ungarn würden im Prinzip die nämlichen Schwierigkeiten erheben und den guten Willen der Regierung, ihre bisherige von der Westhälfte der Monarchie acceptirte Basis aufzugeben, vielleicht mit dem Hohne beantworten, dass sie sagten: „Ihr Minister seid ja gar nicht kompetent zu einer solchen Initiative. Wir sind der Landtag, uns kommt die Fülle der gesetzgebenden Gewalt zu, Ihr seid nur Vollzugs-Organe."

Hiernach dürfte sich der dritte Modus im Grundsatze wohl von selbst rechtfertigen. Wir verkennen die Misslichkeit einer Oktroirung in keiner Weise, allein man muss doch gleich Archimedes einen Punkt haben, worauf man seinen Fuss hinsetzen kann, um die politische Organisation Oesterreichs in Angriff nehmen zu können. Der Absolutismus soll abgethan werden, darin sind Seine Majestät der Kaiser Zeuge des Patentes vom 20. Oktober 1860 und die Völker diesseits und jenseits der Leitha einig. Was aber soll an die Stelle kommen? Wollte die Regierung die Völker fragen, so würde es sich vorerst doch darum handeln, zu wissen: Wer sind die Völker, d. h. wer und in welcher Weise ist der Einzelne berufen, bei der Beantwortung der obigen Frage mitzuwirken? Die Regierung müsste daher auf alle Fälle eine politische Vertretungsform provisorisch oktroiren, um sich mit dem Volke nur in Rapport setzen zu können. Dies ist durch das Februar-Patent geschehen, und so wenig dasselbe an sich befriedigen mag, so ist es doch als die unmittelbare Eröffnung der konstitutionellen Staatsthätigkeit mit Dank und Sympathie aufgenommen worden. Auf ziemlich gleiche Weise steht die Sache in Ungarn. Die Verfassung vor 1848 wurde von den Ungarn selbst umgestaltet, und diese Verfassung mit den alten mittelalterlichen Auswüchsen wünscht kaum

Jemand mehr zurück. Die Verfassung von 1848 aber ist, wie wir in der dritten Partie dargethan zu haben glauben, mit einem Gesammtösterreich, das wir Angehörige des 19. Jahrhunderts nicht gemacht, welches wir vielmehr von der Geschichte übernommen und der kommenden Geschichte wieder zu übergeben haben, unverträglich. Diese Behauptung lassen die ungarischen Wortführer freilich nicht gelten, allein dies ist kein Grund für uns Bürger der übrigen Kronländer Oesterreichs, unsere abweichende Ueberzeugung, die sich auf die Natur der Sache und spezielle Erfahrungen stützt, der magyarischen Anschauung und Bestrebung: „wir wollen ein selbstständig konstituirtes Ungarn und geht auch Oesterreich darüber zu Grunde," — zum Opfer zu bringen. Welcher Kenner der Geschichte und unbefangene Beurtheiler der heutigen Verhältnisse möchte in Abrede stellen, dass Ungarn viele rechtliche Anhaltspunkte für ein selbstständiges Staatsthum hat! Allein wir können bei dieser Selbstständigkeit nicht nebeinander unter einer Dynastie existiren; wir berufen uns daher, da es eine Existenzfrage, die Bedingung aller anderen Rechte gilt, auf das sogenannte Staatsnothrecht und verlangen Modifikationen oder Einschränkungen des ungarischen Rechtes bis zur politischen Möglichkeit der konstitutionellen Koexistenz. Darin, und nicht in der durch und durch schiefen, wissenschaftlich unhaltbaren und die Gefühle der Nation auf das Tiefste verletzenden Behauptung, die Ungarn als Volk hätten anno 1848 für alle Ewigkeit ihre bis dahin genossenen Rechte verwirkt, liegt die Rechtfertigung des Februar-Patentes. Wir wollen die alten Wunden nicht aufreissen und beschränken uns auf die Bemerkung, dass *intra muros et extra muros* geirrt und gefrevelt wurde. So soll es nicht wieder geschehen, sondern besonnen, gewissenhaft, mit Beachtung der verschiedenen Bedürfnisse soll der Neubau gelegt werden. Wenn die Ungarn nach der Erklärung Mailath's zur österreichischen Regierung kein Vertrauen haben, dieselbe werde das konstitutionelle System ehrlich zur Ausführung bringen, so können alle feierlichen Versicherungen der letzteren zunächst an diesem Misstrauen nichts ändern und bleiben vorläufig in den Wind gesprochen. Allein anders werden sich die Dinge gestalten, wenn Schmerling und Lichtenfels, welche das System der Konstitution zuoberst zu vertreten haben, durch die That zeigen, dass sie ihre Aufgabe als politische Ehrenmänner erfüllen, dass sie nicht den Fusstapfen des ehrgeizigen Bach nachgehen, der Minister um jeden Preis, selbst mit Verleugnung seiner ganzen Vergangenheit bleiben wollte, dass sie moralischen Muth genug haben, eher ihrer Stelle zu entsagen, als den Ungarn und der ganzen Welt wieder einen Beleg zu der ironischen Frage zu geben: wie österreichische Minister ihre konstitutionellen Versprechungen halten!

Obgleich wir uns für den dritten Modus erklären, insoferne wir meinen, dass die Fortführung des begonnenen Werkes aller Wahrscheinlichkeit nach nur auf diesem Wege ausführbar sein wird, so wollen wir doch die Möglichkeit des vierten Modus nicht geradezu ausschliessen. Angenommen, der ungarische Landtag stellte wirklich billige, annehmbare Forderungen, warum soll man ihm diese nicht selbst vor der Beschickung des Wiener Reichsrathes gewähren? Jeder Theil gäbe dann in dem grossen Staatsstreite etwas nach; das Februar-Patent bliebe als Provisorium, als Ausgangspunkt unerschüttert; die etwaigen Modifikationen desselben aber, wenn dadurch den ungarischen Wünschen ohne Beeinträchtigung der Hauptsache entsprochen würde, dürften auch dem engeren Reichsrathe willkommen sein und derselbe ein solches Nachtrags-Patent als Preis der Einigung mit entschiedener Majorität anerkennen. Manche Leute diesseits der Leitha lassen sich von ihrem Affekte so weit hinreissen, den widerstrebenden Ungarn mit dem Schwerte zu drohen. Hierüber bemerken wir. Ein Volk kann wohl, wenn es die öffentliche Ordnung gewaltsam stört, zur Niederlegung der Waffen und zum Gehorsam, aber nicht zu einer freiheitlichen Verfassung gezwungen werden. Mit Bajonetten lassen sich tumultuarische Volkshaufen auseinander treiben, aber keine

Parlamente zusammenbringen und kein Parlaments-Beschluss herbeiführen. Die Ungarn mit Gewalt zu einer Reichsverfassung bekehren wollen, wäre daher eine *contradictio in principiis*. Die Ungarn dürften es jedenfalls bei einem passiven Widerstande bewenden lassen, und je gründlicher und versöhnlicher die Differenzen erörtert werden, desto sicherer dürfte eine ruhigere Stimmung die Obmacht erlangen, der Terrorismus der blossen Schreier und Phantasten erlahmen und die Zeit, diese treue Bundesgenossin Oesterreichs, die Früchte der Vermittlung zur Reife bringen.

3. Wir schliessen unsere Erörterung mit ein Paar aphoristischer Bemerkungen. Mag Oesterreich was immer für eine Verfassungsform erhalten, so werden sich die Dinge nicht so rosig gestalten, wie die Phantasie es wünscht. So lange es in der Welt Landtage und Reichstage geben wird, wird die Welt unendlich viel hohles Pathos, rein persönliches Gezänk, praktisch nutzlose Exkurse in das Feld der Abstraktion und Tendenzen der Herren Mitglieder für das eigene Ego zu verwinden haben. Die grossen Staatsübel, Massendummheit, Parteihass mit obligatem Gefolge von Verleumdung, Unterdrückung und Gewaltthätigkeit, Steuerdruck, Defizit, Nepotismus bleiben meist, wie sie sind. Man gebe doch den politischen Aberglauben auf, von konstitutionellen Formen alles Heil zu erwarten. Der Absolutismus widerspricht wie ein abgenütztes Kleidungsstück der fortschreitenden Entwicklung der Völker, wir streifen denselben daher ab und ziehen konstitutionelle Kleider an. Diese Kleider mögen unsere Bewegungen in Vielem erleichtern, allein was kann im grossen Ganzen gewonnen sein, wenn wir in den neuen Kleidern doch wesentlich die alten eigennützigen, charakterlosen Menschen bleiben? Die Freiheit ist ein ernster Dienst und fordert ein grösseres Mass der Anstrengung für die Regierung und die Regierten als die autokratische Beherrschung.

Mögen sich die Verfassungs-Krisen Oesterreichs noch so lange hinziehen, zwei Punkte erscheinen uns vor allen wichtig: Bestimmtheit und Aufrichtigkeit. Unerlässlich ist eine Einheit im Grundplane und energische Aufrechthaltung der öffentlichen Sicherheit für Person und Eigenthum, damit Oesterreich nicht wieder in die Delirien des Jahres 1848 verfalle. Das bisherige Experimentiren hat die Dinge verschlimmert, und die Zerfahrenheit der Regierung könnte den Staat noch an den Abgrund bringen. Der Staatsminister hat offenbar die Aufgabe, die politische Frage für ganz Oesterreich zu stellen und nach dem darüber gefassten Beschlusse zur Lösung zu bringen. Vor dem Beschlusse — freieste Debatte, nach dem Beschlusse — Gehorsam der Vollziehungs-Organe. Nachdem nun der ungarische Hofkanzler und der österreichische Minister des Innern die gleiche Aufgabe haben, so scheint es eine selbstverständliche Bedingung gesunder Organisation zu sein, dass der ungarische Hofkanzler und der österreichische Minister des Innern, den man vielleicht zweckmässiger, so lange diese Theilung besteht, österreichischer Hofkanzler nennen könnte, dem Staatsminister nicht bei- sondern untergeordnet werden. Die Ungarn dürften sich über diese Unterordnung um so weniger grämen, als sie ihre Hofkanzlei ohnehin für keine konstitutionelle Behörde ansehen. Das Schiff Austria segelt in aufgeregter See dahin, die Brandung schleudert es bald nach rechts, bald nach links: da bedarf es eines sicheren Kommandos in der Thätigkeit der Regierungsorgane. Ist Schmerling einmal unser **Kapitän**, gut, so sei er es ganz und allein. Die Wirthschaft in Ungarn von Oben bis hinab, wie sie seit dem Oktober-Patente des Jahres 1860 emporwucherte, ist zu kunterbunt, zu widersprechend, zu urvolksthümlich, als dass darüber ein Wort weiter gesagt zu werden brauchte. Ungarn mag seine eigenthümliche Verwaltung immerhin behalten: allein die Regierung kann sich doch nicht von ihren eigenen Organen Opposition machen lassen, wenn sie lebensfähig bleiben will. Mit der Kraft aber verbinde die Regierung Ehrlichkeit in der Anbahnung des Konstitutionalismus im Ganzen, welche sich vorzüglich im Schutze der freien Presse, in der Wahl geigneter Organe der öffentlichen Verwaltung sowie überhaupt in allen Regierungsakten der inneren und äusseren Politik auszusprechen hat. Wir vertreten in Sachen der Politik vorherrschend die Sache des nüchternen Verstandes gegen die des begeisterten Gemüthes, allein wir verkennen andererseits nicht, dass der Politik Oesterreichs ein gewisser erhebender Schwung Noth thut, um die kühle und misstrauisch gewordenen Herzen der eigenen Völker zu erwärmen, die Achtung und Sympathie des Auslandes zu gewinnen und unsere nahezu eingebüsste Grossmachtstellung durch den geistigen Puls unseres öffentlichen Lebens wieder zu erringen. Die Begeisterung seines Volkes aber erweckt man nicht durch blosse Phrasen in öffentlichen Staatsreden, sondern durch Ehrlichkeit und Worthalten. *Hinc illae larimae* seit 1849. —

Um endlich noch einmal auf den schmerzlichen Familienzwist zurückzukommen, möchten die Eiferer diesseits der Leitha anerkennen, dass Ungarn für sein Recht und sein Interesse kämpft. **Ungarn kämpft für sein Recht.** Denn so sehr die mehr advokatischen als staatsmännischen Deduktionen Deáks bezüglich der reinen Personal-Union Ungarns mit Oesterreich die leibhafte Geschichte zum Gegenzeugen haben, so wenig lässt sich doch läugnen, dass Ungarn bis zur militärischen Erledigung seiner Angelegenheiten im Jahre 1849 eine Sonderstellung genoss, welche durch das Februar-Patent und die im Geiste desselben begründete Fortbildung beschränkt werden soll, dass die gegenwärtige Generation sich in diese Sonderstellung der gesetzgebenden Faktoren, der Rechtsinstitutionen der Verwaltung und anderer Verhältnisse eingelebt hat, dass sie daran mit vollem Herzen hängt und dieselben als ihr nationales Eigenthum beansprucht, kurz dass die Magyaren und die übrigen zu ihnen haltenden Bewohner Ungarns die Festhaltung dieses politischen Sonderthums als ein Recht ansehen, welches ihnen nicht zum Vorwurfe gemacht oder gar als ein politisches Verbrechen imputirt werden kann. **Ungarn kämpft aber auch für sein Interesse.** Oesterreich ist dem Ungar nahezu synonim mit

Tabak-Monopol, grossen Steuern, einer riesigen Staatsschuld und einer schreibseligen, formenreichen, zum grossen Theile unverständlichen Administration. Ungarn weiss recht gut, was ihm die Verbrüderung mit Oesterreich im Punkte der Finanzen kostet. Der Zwang der ganzen Sachlage ist indessen so gebietherisch, dass wir die Ungarn durchaus angehen müssen, unsere beiderseitigen verwirrten Verhältnisse von Soll und Haben einer Liquidatur zu unterziehen und auf ein Vergleichsverfahren mit Festsetzung neuer Normen einzugehen. Liegt es nun nicht in der Natur der Sache, dass derjenige, der seinem Geschäftsfreunde zumuthet, auf ein vielleicht nicht ganz klares, aber immerhin bestehendes Recht zu verzichten, denselben höflich behandelt und wenn er Einwendungen erhebt, nicht gleich mit dem Knüttel bedroht? Darum Vermeidung extremer Standpunkte, versöhnliche Sprache, Duldung der Opposition, soweit dieselbe nicht die öffentliche Sicherheit und die nothwendige Ordnung im Gange der Administration stört, und Gewinnung der Gegner durch alle jene grossen und kleinen, mit der Ehre verträglichen Mittel, welche sich nicht definiren lassen, die aber dem taktvollen Staatsmanne desshalb nicht weniger geläufig sind. —

Ungarn und Oesterreich reicht euch die Hände! Baut ihn auf, mit vereinten Kräften, den Dom der grossösterreichischen Freiheit! Lasst uns einig sein, und die Fahne Oesterreichs wird von den Tyroler Bergen bis zum Balkan, von den Sudeten bis zur Adria wieder freudig flattern — uns ein Symbol staatlicher Wiedergeburt und fröhlichen Gedeihens, — unseren politischen Freunden in Europa ein Symbol der Achtung und der Sympathie, unseren Feinden aber ein Symbol wehrgerüsteter Einheit und Kraft, hinter dem nicht bloss die kämpfenden Krieger sondern auch die österreichischen Völker mit erhobenem Gefühle stehen!

Gedruckt bei Philipp Bendiner in Wien.